Leaves Publishing

根
以讀者爲其根本

莖
用生活來做支撐

葉
引發思考或功用

果
獲取效益或趣味

七百八十八分之一的感動──世界遺產紀行

風信子HYACINTH

七百八十八分之一的感動—世界遺產紀行

編 著 者：馬繼康
出 版 者：葉子出版股份有限公司
發 行 人：宋宏智
企劃主編：萬麗慧、林淑雯
媒體企劃：汪君瑜
文字編輯：嚴嘉雲
美術編輯：曹馥蘭
封面設計：曹馥蘭
地圖繪製：蔣文欣
印　　務：許君棋
專案行銷：張曜鐘、林欣穎、吳惠娟
登 記 證：局版北市業字第677號
地　　址：台北市新生南路三段88號7樓之3
電　　話：(02)2366-0309　　傳　真：(02)2366-0310
讀者服務信箱：service@ycrc.com.tw
網　　址：http://www.ycrc.com.tw
郵撥帳號：19735365　　　　戶　名：葉忠賢
印　　刷：鼎易印刷事業事業股份有限公司
法律顧問：北辰著作權事務所
初版一刷：2004年11月　　　新台幣：280元
I S B N ：986-7609-45-X

國家圖書館出版品預行編目資料

七百八十八分之一的感動：世界遺產紀行 / 馬繼康作. -- 初版.
--臺北市：葉子, 2004[民93]
面；　公分. --（風信子）
ISBN 986-7609-45-X（平裝）
1. 世界地理 - 描述與遊記
719.85　　　　　　　　　93019631

總 經 銷：揚智文化事業股份有限公司
地　　址：台北市新生南路三段88號5樓之6
電　　話：(02)2366-0309
傳　　真：(02)2366-0310

※本書如有缺頁、破損、裝訂錯誤，請寄回更換

讓世界遺產成爲旅行方式

世界遺產成為一種旅行方式，是最近的事。

世界遺產成為一個世界性的議題，卻是卅二年前的事。

原意為保存人類文明紀錄而簽訂的保護世界自然與文化遺產公約，在逐漸物化的今天，已然成為第三世界賺取觀光外匯的重要手段，而倍數成長的觀光剝削，又導向更深刻的反觀光省思，因此也更需要國際性的合作與交流來平衡在二十一世紀人類文明的最高峰所產生的諸多不文明的行為。

基本上，維護世界遺產的積極面在為後世子孫留下人類進化的証明，透過財務的挹注，技術的轉移與名器的授予多種誘因鼓勵特別是開中國家重視自己的自然與文化。然而諷刺的是文化遺產本身多半不能因此內化成民族的內涵，卻先一步成為全球觀光產業的祭品，於是人類必須投注更多資源來保存已受保護的人類遺產。旅遊無罪，但懷璧其罪，推廣世界遺產保存的同時，應該同時導入無害旅遊的觀念，亦即作為過客的旅行者，不帶走一磚一瓦，不留下一絲一毫，更應以消費者力量監督業者採取最佳手段保護生態，回饋家園。

世界遺產的名錄與日俱增，一筆紀錄都是人類文明的結晶或是大自然千萬年的傑作。不同國家所擁有的世界遺產數目，雖未必代表國家國力的強盛與否，但絕對可以透露出國民文化素養與水準，以及國家對文化與科學事務的決心。因此，以世界遺產為主題的旅行方式將是獲取與實踐知識的捷徑。

馬繼康的世界遺產之旅在某種程度上反映了這個理念，他的旅行方式以及旅行哲學都必然考慮到了文化的差異性，與對不同文化的尊重，因此他會在拍攝慕斯林時徵求同意，或是在吳哥窟拒絕行乞的兒童等，都為我們示範了一個文化過客適當的行為。因此，這本書，是遊記，是世界遺產的介紹，更重要的是旅者本身的人生態度，在行雲流水的文字中，是能讓我們細細玩味的。

馬繼康有一個好習慣，他會在網路上分享自己的旅行，而且還一定有圖片。透過網路上一篇篇小品，我們能隨著他的筆尖上窮碧落下黃泉，遊歷文明古國，感受人間溫暖。這是作為他的朋友的福利之一。

期待這本書成為你下一趟旅程的最佳指南。

中華民國保護世界遺產協會 理事長

善意的闖入者

　　我在媒體跑了十年的旅遊，也出了幾本跟旅行相關的文學書與導遊書，最怕人家問我：最喜歡哪個國家？還想去哪裡？哪裡最好玩？有沒有到過無聊得要死的國家？

　　世界之大，這些問題對我來說，都是大哉問。

　　我很少討厭我所走訪的任何一個國家，即使已經去過同一座城市多次，我未曾感到厭倦。但我卻很常挑剔旅行中的細枝末節──我討厭坐經濟艙靠窗的位子、無法忍受在旅行時排便不順、帶了不合季節的衣服、遇見鄙夷當地文化又喳呼不斷的旅人；我憎恨大而無當、充滿霉味與魅影的旅舍；我討厭遇見高傲的、不懷好意的、認為我是「惡意的闖入者」的當地人。相信我，我喜歡旅行，但這些旅行中的感受，這些「旅行之惡」都是百分之百真實，而你不會在任何報章雜誌的旅遊版面上看到。

　　我曾詢問我遠在莫斯科工作的大學同學Sasha：俄羅斯人為什麼這麼囉唆？連辦個簽證都還要找當地人出具邀請函？Sasha回答得很明快：俄國人是這樣想啊，又沒人邀請你，你來俄羅斯幹嘛？

　　Sasha在MSN裡越洋留下一個好笑的表情符號，卻對我形同當頭棒喝！我突然發現，在媒體工作太久，我已經成為一個想當然爾的不速之客了！身為訓練有素的旅遊記者，我必須在有限而被壓縮的時間裡迅速完成所有任務，眼明手快地紀錄、收集所有資訊，打開全身上下每一個細胞，狠狠地記住所有的感受與感動……

　　然而翻閱我堆積如山的幻燈片圖庫，卻可以輕易找到許多我挾媒體優勢魯莽闖入當地的證明：雪梨歌劇院前的胖太太用地圖遮住右臉、知本溫泉區的中年男子用左手擋住視角、馬祖芹壁村的七旬歐幾桑板著臉被我拍攝入鏡、馬爾地夫海灘旁的法國蜜月族在我按下快門時瞪了我一眼……

　　不管我用的是廣角或長鏡頭，是訓練有素的千分之一秒快門，還是只是習慣性地拿起相機所攝，那些旅行的紀錄，即使不帶有任何狗仔成份，也難逃記者被質疑惡意闖入的宿命。

　　於是，很難教我不豔羨繼康的旅行方式。

　　當你旅行超過五個以上城市，你會發現所謂的「國際大都會」其實都有著相似的天際線；當你到紐約、東京、香港、巴黎都看到麥當勞，走在台灣的任何角落都有7-11，你便不會再對所謂的已開發國家感到興趣。

　　文化是一回事，資本主義、經濟全球化又是另一回事。很遺憾的是，工

業革命之後，當人們賣力尋求更美好、更便捷、更舒適的生活，當全球言論成為美國強勢媒體所塑造的一言堂，進入二十一世紀的我們，即使以地球人自居，也很難看到所謂的真實的世界面貌。

這時，我一點也不驚訝旅人在驚嘆過紐約帝國大廈的高妙、協和客機的超音速飛行、巴黎米其林餐廳的精緻美食後，會轉往探索那些看似神祕、冷門、落後的第三世界國家，特別是世界遺產。那裡有人們因誕生在不同氣候、土地、緯度所發展出的最原始的文化智慧，它們並不難懂，只是我們未曾熟悉；更藏有令現代人迷惘的許多答案。

繼康過去數年以自助旅行的方式(這是任何旅遊記者所景仰的方式)，拜訪第三世界國家的世界遺產。聯合國教科文組織認定這些文化或自然遺產為全人類共有，但並不表示任何人可以輕易地前往，並予以掠奪。有些世界遺產近年來也面臨觀光客湧入過多、承載量超過負荷、古蹟岌岌可危的問題，因此，世界遺產不應是觀光產業最後的萬靈丹，而是啟發人們對人類原始文化的尊重與感動。

很多人會問我，旅行是這麼輕鬆愉快的事，幹嘛每回我都會愈談愈嚴肅？事實上，旅行觀就是生活觀，很難一分為二。若是嫌我這人太憂國憂民，那麼不妨來閱讀繼康的文字吧！你會發現，相較於我們這種以掠取資訊為天職的旅遊記者，他是個善意的闖入者。

這位善意的闖入者，像個學者般不慍不火、平靜有禮地述說他探訪世遺的歷程，苦口婆心又鉅細靡遺地描繪世遺城鎮的面貌，年代如何、文化如何、今昔如何、食物如何、人們如何……像在做研究般，印證他的見聞與書本中、Discovery頻道所說的有何異同；即使與當地人互動，繼康也是善意有禮的。

的確，如果你是個習慣掠奪、消費、喧嚷的旅者，或是相信金錢可以購買任何旅遊樂趣，那麼請暫時遠離世界遺產，因為它們會讓你覺得毛骨悚然、乏味、落後且缺乏娛樂性。否則，請學學繼康，做個善意的闖入者。相信我，你會看見另一個截然不同的世界。

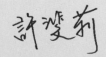

聯合報記者、旅遊作家

從太魯閣出發

我第一次開始自助旅行是在一九九八年的夏天。

那年,鳳凰花依舊在時序輪替中,如往常一般在六月盛開,我剛通過研究所最後階段的口試,如願以償的拿到畢業證書,為了犒賞自己的辛勞,我選擇以旅行作為學生生涯的結束,沒想到卻染上了至今戒也戒不掉的旅行癮。

我喜歡背著大背包去旅行,體會各地的風土民情,尤其是人們所謂的第三世界國家。台灣人對他們多半都有誤解,以為那裡不是貧窮,就是戰亂,總覺得自己之於他們會有股莫名其妙的優越感,但事實上,那裡的人、事、物反而都能讓人反璞歸真,對於自己的生命與手中所擁有的,有著最原始質樸的對照與體會。旅行經驗累積到現在,造訪過十四個國家,而有些國家又不只去了一次,每次都會帶來不同的感動。

在那一年,除了開始旅行外,我也開啟了另一種生活,開始在東部花蓮的太魯閣國家公園當義務解說員,利用假日的時間,從台北到花蓮,和民眾分享自己在國家公園裡的觀察,包括自然的奧秘與人文的足跡。

如今回頭顧盼,當初看來毫不相干的兩件事,卻似乎從那一年開始慢慢地趨於交集,同時影響我的生活。

這話該怎麼說呢?

其實剛開始的自助旅行,純粹只是想出國開拓眼界,接觸不同的文化衝擊與洗禮,自己並沒有目的或是存在任何主題,所以對於一切的事物,我都感到極大的興趣。但是隨著次數的增加和累積,我漸漸發現,除非用一輩子在旅行,否則世界之大,實在很難面面俱到,一定要找到一個重點,當作旅行的主軸,不僅方便蒐集資料,對於旅程也更能妥善安排,甚至在必要時做出取捨。

而就是因為當解說員的這層關係,對於歷史及自然原本就有興趣的我,毫無意外的選擇世界遺產作為我旅行中的主題。

也許你會問,什麼是世界遺產呢?

其實人類在地球上生活數千年,和悠悠邈邈的自然歷史及亙古至今變化不大的地理景觀比較起來,實在是微不足道。除了自然景觀外,人類文明發展的過程中,亦留下了許多呈現歷史重要階段的建築類型或景觀上的卓越典範。不僅反映代表某一文化的傳統聚落或土地使用,更讓傳統理念、信仰藝術等透過這些典範,直接或間接的和現代人產生連結。

因此，為了保護並發揚這些典範，聯合國教科文組織訂定《世界文化與自然遺產保護條約》，將自然遺產（指觀賞、學術或保存方面，具有普遍性價值的地形、生物或景觀之地區）及文化遺產（指構造優異、作工細緻且具有普遍性價值的各種人類紀念性構造物、建築或遺址等）標準化，訂定明確「世界遺產」的要件，以作為全人類共同的資產，甚至再加上所謂口述與無形的人類遺產，像是戲劇、音樂等等。截至目前為止，經過審核確定的世界遺產共有七百八十八處，目前擁有最多世界遺產的國家是西班牙。

　　其實看看這樣的標準，擁有一流變質岩峽谷、豐富生態資源以及人文歷史的太魯閣國家公園，也絕對夠資格登上世界遺產的名錄。只可惜我們並非聯合國會員國，這樣世界級的景觀無法列名其中，但這絲毫不影響它在我心目中的地位，因為太魯閣的關係，我開始有勇氣及渴望走向世界。此書記錄了我在八個不同國家旅行時所造訪過的世界遺產，有些也許你耳熟能詳，有些也許是第一次聽到，但都希望透過文字能夠開啟一扇窗，開啟一扇喜愛旅行，通往世界的窗。我從太魯閣開始，你選擇從哪裡開始呢？

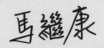

目錄

C o n t e n t s

序一 ▶ **讓世界遺產成為旅行方式** 007

序二 ▶ **善意的闖入者** 008

自序 ▶ **從太魯閣出發** 010

中 國

武夷山 016

沒有來到武夷山前，初淺的印象只有課本裡，「武夷山呈震旦(東北－西南)走向，是著名的產茶地」。親自走訪之後，才真正發覺它多樣的內容與景致所在，絕非一段話可以完全敘述。

北 京 028

有人說：「到了北京，才知道官小。」從這句話中，便可嗅出些許的政治味。也正衝著這千百年來延續的榮耀，北京人總有點那麼接近權力中心的驕傲與自豪。

柬埔寨

吳哥窟 040

武功鼎盛的吳哥王朝，除了開疆闢土的不世成就外，歷代的國王更陸續建造及擴充世界上最廣大的廟宇建築——吳哥窟，全城雕刻之精美有「雕刻出來的王城」之美譽。

泰 國

泰可素 054

素可泰的意思為「幸福之晨」，全盛時期二百年，仔細規劃過的城市城牆所圈出的輪廓，周圍並有河流作為天然屏障。如今雖是傾倒的寺廟、斑駁的佛像，仍靜默地安撫人心。

印 度

孟買艾勒芬塔島 066

島上石窟寺廟中的宗教雕刻，隱身在燈紅酒綠的大都市中，讓人驚艷不已。整座由岩石開鑿出的寺廟，已是困難的工程，而部分直接在岩石雕刻的藝術品，更是全印度數一數二的珍寶。

果 亞 076

今日的果亞依舊為全印度最小的一個省份，在這個面積約與台東縣大小相同的土地上，硬是吹拂著一股與這片古老大陸截然不同的拉丁風情，也為原本就豐富多樣的印度，再添一筆色彩。

泰姬陵・阿格勒堡 088

今日的果亞依舊為全印度最小的一個省份，在這個面積約與台東縣大小相同的土地上，硬是吹拂著一股與這片古老大陸截然不同的拉丁風情，也為原本就豐富多樣的印度，再添一筆色彩。

斯里藍卡

加 勒　　100
在歷史的軌跡裡，加勒也許比不上島嶼北邊的佛教王朝古城，但相較古城如今的死寂，它則顯得生氣蓬勃，因為這些古蹟跟人發生關係，使它們顯得更有人味。

阿努達納普納　　112
西元前五世紀，一位印度王子帶了數百名隨從，不遠千里來到錫蘭島，開啟了錫蘭王朝，並定都於阿努納達普納。之後的歷任國王宣揚佛法不遺餘力，連東晉法顯都曾來到這佛教盛行的城市待上兩年修習佛法。

辛吉利雅　　122
黃金般的宮殿，豪壯的廳堂，鋪陳擺設，極盡奢華；莊嚴的內院，雄偉的宮牆，如今都像霧般消失了。

尼泊爾

加德滿都　　134
在佛教神話傳說裡，加德滿都谷地在古代原本是一泓湛藍色的湖泊。在湖面綻放著一朵光芒萬丈，象徵佛陀聖蹟的金色蓮花。

希 臘

雅典衛城　　148
帕德嫩神殿的地基是中間最高，沿著和緩的曲線向四週低伸。巨大的廊柱吸引所有人的目光，不管在哪一個角度眺望，神殿都呈現和諧完美的型態。

奧林匹亞　　156
在奧林匹亞舉行競技，原本的規模僅限於伯羅奔尼薩半島上的Eleians城邦，以榮耀天神宙斯而舉辦，但不到一百年的時間裡，便吸引了全希臘的城邦參與。

德爾菲　　166
天神宙斯為了確定世界的中心，便從地球的相反兩極放出兩隻老鷹，使之相向飛行，到最後這兩隻老鷹相會之處，就是所謂的世界中心，而這個地方就是在今天的德爾菲。

梅堤歐拉　　176
有別於愛琴海上星羅棋佈小島的浪漫慵懶體驗，黝黑的岩塊、超現實的雕刻與修士規律保守的氣氛，取代希臘傳統刻板印象。

突尼西亞

突尼斯　　188
走在突尼斯街上，感覺就像是漫步在歐洲街頭，不僅兩旁建築帶有歐風，穿著也都是一派歐化，露背、露臍十分稀鬆平常，甚至連道路都是以歐洲各國命名，相當國際化，也可看出曾經受到歐洲文化影響的一段歷史。

杜加麥地那　　198
突尼西亞是非洲諸國中，僅次於埃及的文明古國，保存世界上稀有的迦太基遺址及羅馬神殿建築。突尼西亞各地的古羅馬遺跡，成為遊客憑弔古羅馬帝國榮光的重要信物。

開羅安　　208
從外表看起來，大清真寺沒有印象中純白的形象，反而更像是一座堅實的堡壘，從牆基到塔頂，土黃色的高牆圍起了聖地與平凡之地的界線。

烏克蘭

義大利

梅提歐拉　希臘

德爾菲

雅典衛城

突尼斯

開羅安　奧林匹亞

杜加

突尼西亞

土耳其

地中海

伊朗

利比亞　埃及

沙烏地阿拉伯

葉門

蘇丹

奈及利亞

衣索比亞

世界遺產的起源

　　第二次世界大戰結束後，許多有識之士意識到戰爭、自然災害、工業發展等威脅著分佈在世界各地許多珍貴的文化與自然遺產，有鑑於此，聯合國教科文組織第十七屆會議於1972年11月16日在巴黎通過著名的《保護世界文化和自然遺產公約》，希望藉由國際合作，保護世界重要遺產。

世界遺產的分類與內容

　　截至2004年7月止，《保護世界文化和自然遺產公約》的締約國已達一百七十八個國家與地區，共有七百八十八處世界遺產地分佈在一百三十三個國家中。依其類型可分為文化遺產、自然遺產以及兼具兩者特性之複合遺產、以及2001年新增的類別「口述與無形人類遺產」。

世界遺產登錄標準

＊文化遺產六項登錄標準：

(i) 代表人類發揮創造天分之傑作。

(ii) 表現某時期或某文化圈中，與建築、技術、紀念碑類藝術、街區計畫、景觀設計等發展有關之人類價值之重要交流者。

(iii)可為現存或已消失的文化傳統或者文明的唯一或希少之證據者。

(iv)可見證人類歷史重要時代之顯著例子？如某樣式之建築物、建築物群、技術之累聚或景觀等。

(v) 特別是在恢復甚難的變數影響下容易受損之情況，顯著代表某文化(或多元文化)之傳統聚落或土地利用。

(vi)具顯著普遍意義之事物？與現存傳統、思想、信仰及藝術、文學之作品直接或明顯相關者。

＊自然遺產四項登錄標準：

(i) 可代表地球歷史主要發展階段之顯著見證，包括生命進化之記錄、進行中的地質學、地形形成重要過程或具地形學、自然地理學之重要特徵者等。

(ii) 在陸地、淡水水域、沿岸、海洋之生態系或生物群的進化發展當中？足以代表正進行中生態學、生物學的重要發展過程之顯著見證者。

(iii)具獨特性 唯一性的自然景觀或特別秀異的自然現象或地區。

(iv)就學術與保存觀點而言擁有特別出色的普遍價值？對保護瀕臨滅絕危機的物種以及野生狀態中生物之多樣性而言，特別重要的自然生物棲息地。

豐富的自然與人文的雙世遺產區

武夷山

時　　間：西元一世紀
空　　間：福建西部
登錄時間：1999年登錄複合遺產
符合條件：文化遺產標準 (iii) (vi) 自然遺產標準 (iii) (iv)

Mount Wuyi

在還沒有來到武夷山之前，我對於武夷山的印象只有粗淺的停留在中學課本裡，「武夷山呈震旦(東北－西南)走向，是著名的產茶地」這句話的描述。直到親自走訪後，才真正發覺它多樣的內容與景致所在，絕非一段話可以完全敘述。

豐富的雙世遺產保護區

如果你喜歡歷史，這裡距今三千八百多年前就已有古越民族的蹤跡存在，南宋著名的理學大家朱熹也曾經在此居住四十多年，在此地的書院講學授徒，著書立說，為中國思想史激迸出燦爛的火花；如果你喜歡自然，這裡流水涓涓，山嶺壑壑，是典型的丹霞地貌，所謂「丹霞地貌」乃是指紅色砂、礫岩層經過風化和流水侵蝕，長時間下來而形成的孤立山峰和險峻的奇岩怪石；如果你喜歡生態，這裡也有著自然保護區，完整保存了亞熱帶森林生態系統，以及孕育了豐富生物物種多樣性。

正因為武夷山涵蓋如此多層面的景觀，因此在1999年12月被聯合國教科文組織定為世界遺產中自然與文化雙遺產，這是全世界第二十三個、中國大陸第四個(另外三個分別為黃山、泰山及峨嵋山)的雙世遺產保護區。

武夷山位於中國大陸號稱「八山一水一分田」的多山省份福建西北部，是與江西省和浙江省的天然界山。風景名勝區位於武夷山市境內，距離市區約15公里，景區面積約70平方公里。

在這並不算太大的範圍內，卻硬是擠下了包含36峰、72洞、99岩及108個景點，令人目不暇給。這有點好處就是從度假區坐車，除了自然保護區外，距離任何一個景點都在15分鐘車程之內，不用辛苦的白白耗去交通時間，也不用擔心景點重覆。武夷山風景區內的群峰並不高，卻仍有大山的崇峻雄奇，在這裡做定點的遊覽，可以有著認識武夷山更多面貌的機會。

來到福建這個與台灣相當有淵源的省份，不管在生活習慣和長相上，其實相去不遠，有著相當的親切感，但是地處閩北的武夷山，方言和熟悉的閩南語完全不相同，也令人見識了福建因山脈丘陵阻隔，而形成多種方言的人文特色。

武夷山是現今中國東南部,保存最完整的多樣生物保護區,區內有為數不少的古老珍稀物種及許多中國特有物種。而西元前一世紀,在此就曾建造一個龐大的行政首都,巨大的城牆內散佈著重要的考古學遺址。

竹筏漂流遊勝別有滋味

若想要在短時間內一覽武夷山的山水風光，最佳方式就是搭乘竹筏沿著九曲溪一路往下，這好比是先將景區的景點大致瀏覽過一番，而後再擇時逐一造訪。坐竹筏遊九曲溪，可是有個詩意盎然的名稱叫做「竹筏漂流」，對照耳邊所聽的潺潺流水聲，眼中所見滿山變葉木的點綴，當真有隨波逐流的自由與自在，又包藏著柳暗花明又一村，山迴路轉後不知下一秒會有何新發現的驚奇感受。

全長62.8公里的九曲溪發源於自然保護區內,貫穿了大部分武夷山風景區的精華地帶。要搭竹筏得先來到距離度假區車程15分鐘的星村鎮,從這裡開始,九曲溪溪水像條蜿蜒盤踞山谷間的矯捷巨龍,迂迴彎折成九曲,因此而得名。這段順流而下的遊程長約9.5公里,在近兩個小時的漂流中,兩岸聳立的奇岩怪石不絕於途,溪水清澈碧藍可見游魚。但在交通不便利的古代,遊人若要一睹山光水色,可是得必須花上兩天的時間逆流而上,想想現在的我們,輕鬆得以坐擁這片山水,實在是幸福太多了啊!

九曲溪壯麗的峽谷景觀,及其周圍的寺廟和僧院遺蹟,為西元十一世紀以來影響東亞文化發展的朱子理學,提供詳實的史料證據。

在穿越許多前來兜售鞋套的小販後來到搭船處。說也奇怪，隨著竹筏離開搭船處，原本身處在嘈雜市鎮裡的亂烘烘心情，一下子便平靜了下來。坐在用楠竹(又稱毛竹)製作而成，一趟可以搭載六人的竹筏上，撐篙的師傅長的頗像喜歡喊「衝！衝！衝！」的光頭縣長，問他是不是也知道這位在台灣頗有名氣的縣長，「不只你一個人說過了！有機會我倒也想見見，看是不是真像！」

這位師傅雖不是掌管縣政的本尊，但治大國如烹小鮮，他的專業程度也讓我們佩服，不僅深知水域的深淺，輕巧靈活的在曲流間掌握竹筏行進方向，讓人有著輕舟已過萬重山的輕快流暢之感；再加上沿途生動風趣的解說，以及每一座岩石山峰名稱的由來及背後的傳說故事，更讓這些原本冰冷沒有生命的石頭，在這些精采情節的烘托下，顯得活靈活現，彷彿重新注入了生命。一路行來，始終快意。

↑橫看成嶺側成峰的雙乳峰
→園區內著名的大王峰

武夷山曾是宋代理學大師
朱熹的講學授道之地

不可錯過的天游峰五絕

　　遊罷九曲溪，上岸後給了師傅小費，向他們揮手道別，便能來到武夷宮。武夷宮是武夷山風景區最古老的道觀，初建於唐天寶年間，名天寶殿，是歷代帝王祭祀武夷君的場所。現在的建築建於清代末年，有三清殿、玉皇閣、拜章臺、賓雲亭、法堂等。在武夷宮範圍內還有仿宋一條街、朱熹紀念館、彭祖山房及萬春園、蘭亭學院分院、書畫社、武夷牌坊等景點。既然來此，當然也是不能錯過。古人云：「東周孔丘，南宋朱熹，北有泰嶽，南有武夷」。南宋理學家朱熹使這裡成為我國東南文化的中心，被譽為「道南理窟」。

　　當地有句俗話說：「不登天游，等於白遊。」為了不讓武夷山之旅留下白來一遭的遺憾，我們早早就寢，第二天起了個大早，想要一窺天游峰的日出。天游峰向來以五絕著稱：夕陽、明月、日出、雲海與佛光，我們雖無緣見到前兩者，但卻有幸見到後三者，也算值得了。

清晨的武夷山雲霧繚繞，彷彿仙界之地

　　天游峰山腳下就是著名的「雲窩」，顧名思義便是雲湧之源，雲靄的故鄉。這裡因為氣候潮濕，再者地處封閉，因此常常形成雲霧縈繞飄渺此間的景色。我趕個大早，在太陽尚未出來前，一口氣登上天游峰。順著彷彿通天的階梯往上走，晨靄盤踞在山谷間，身在其中就像是騰雲駕霧一般，自己似乎也沾染一身仙風道骨，無怪乎這裡自古以來便是佛、道門人眷戀流連之處。登上最高處的一覽亭，等待日出，又是另一番不同的體驗。

　　正當立定足跟，緩緩調勻氣息，為自己是今日登頂第一人而沾沾自喜之際，卻在一塊巨岩上，看見一襲灰色的身影。這位雲遊四方，早已造訪諸如峨嵋、黃山等各大佛教名山的師父，行腳來至這個佛、道、儒三家匯集之處。師父說：「只有把握早上這段時間，才是吐納練氣的好時間。」只見他坐對氤氳山川，氣聚丹田，不時揮動布衣衣袖，鼓起陣陣柔風，精練的身形彷彿金庸筆下莫測高深的得道僧人。

　　太陽出來後，原本徘徊在山峰間的雲霧開始蒸騰，奇岩秀水無一不盡收眼底，眼前的景象就像是國畫中的山水那般脫俗迷離，看來似真又似假，令人捉摸不住下一刻的變化。本來以為國畫中山水的描繪都是畫家們寄情的想像，如今才知竟真是寫實的呈現。出家人把握這稍縱即逝的時間，在大石頭上吸納吐氣，汲取天地間氣息的精華。待雲霧散去，腳底下六曲溪的一百八十度大彎道盡呈眼簾，一艘艘竹筏如進行分列式般的接受校閱，在這裡，我彷彿是世界的王，睥睨著腳下的臣民。

武夷岩茶造就當年御茶園榮景

來到武夷山除了視覺所及的奇山秀水之外，不可不提的便是茶葉，這能帶給你嗅覺與味覺上的舒暢。「武夷岩茶」名列中國十大名茶之一，武夷山是烏龍茶的發源地，種茶的歷史可以追溯到魏晉南北朝時期，元朝更在九曲溪畔設置皇家焙茶局，就是今日所見的「御茶園」，如今只剩下一塊石碑以紀念當時的榮景。

武夷岩茶品目繁多，包括了鐵羅漢、水金龜、白雞冠、不知春等，其中大紅袍是最負盛名的品種。相傳當年康熙皇帝巡視江南，忽染風寒不癒，有人獻上一包武夷山的茶葉，康熙喝了茶湯之後便不藥而癒。為了表示謝意，康熙脫下身上所披的紅袍，命人覆蓋在茶樹上，「大紅袍」的名稱便不脛而走。

在封建時代，作物因威權者的加封而聲名大噪，但從科學的眼光看來，大紅袍茶樹之所以能得到「茶樹之王」的美譽，歸究其因還是由於種植在當地富含礦物質的岩石風化土上，加上位於日照時間短、早晚露水多的九龍窠內，種種自然條件匯集，成為武夷山地區代表作物。第一代大紅袍茶樹目前只有四株，年產量約半斤左右，是極為珍貴的茶，散種在其他地方的則都是分枝出去的茶子茶孫。

虎嘯岩與一線天為同一條路線上的景點。虎嘯岩因為半壁有一巨洞，山風穿過洞口，發出颯颯如虎嘯般的吼聲，因此得名。而猶如被劈開一條縫的一線天，長約100多公尺，天光只有在正中午時才能短暫的照耀這裡。遊人須手腳並用，側身而過，最窄處只有30公分，這要是胖子經過，鐵定被卡在裡面動彈不得，進退兩難。如此漆黑的地方亦有稀有的白蝙蝠生存，不禁令人讚嘆造物者的巧手匠心，也印證了每個生命都會找到它的出口這句話。

大紅袍是武夷岩茶中的極品
據說是康熙皇帝賜袍而得名

「山不在高，有仙則靈」，我不知道武夷山是否真有仙人居住，但肯定的是，就算世界上沒有神仙存在，它依舊巍巍挺立，靈氣逼人。

天子腳下充滿皇家氣息的古城

北京城

時　　間：西元十五至十九世紀
空　　間：華北
登錄時間：1987年登錄文化遺產
符合條件：文化遺產標準 (i)(ii)(iii)(iv)(v)(vi)

Imperial Palace of the Ming and Qing Dynasties

說北京是古老中國與近代中國的政治中心，絕對不為過。有人說：「到了北京，才知道官小。」從這句話中，便可嗅出些許的政治味。也正衝著這千百年來延續的榮耀，北京人總有點那麼接近權力中心的驕傲與自豪。

皇宮深院主宰天下權力

也由於身處權力中心，以往北京有著許多禁區蒙著神秘面紗，這些皇宮深院主宰著近千年的中國歷史，如今卻都展現在世人面前。

我在初春的時候來到北京，街上的行道樹都枯著枝椏，還沒從瑟縮的冬天醒來。第一印象是寬廣的馬路，但這也讓人叫苦連天，因為搭公車時站與站的距離相隔遙遠，往往讓人走的兩腿發痠，還是不見要搭的車站牌蹤影，只能眼睜睜看著公車從你面前駛過，揚長而去。一個地點雖然有多線公車到達，但下車地方不同，可以讓你再走上個十來分鐘，才能到真正要去的地方。

天安門是中國權力的地標
也是最為人知的中國象徵之一

來到據說可以同時容納百萬人的天安門廣場，這裡具有極高的政治象徵意義，在尚未開放的年代中，這個面積寬廣卻流露嚴肅氣氛的廣場，一直是世人對於中國的印象，也是步入紫禁城的起點。登上天安門城樓，廣場盡收眼底，頗有萬人之上的擁戴感，這裡是當年毛澤東宣佈成立中華人民共和國的地方，看到如此景象，難怪毛主席會說出「江山如此多嬌，竟教英雄競折腰」的名句。自古以來，成者為王，敗者為寇，但王者只有一個，為了擁有江山，成就王者，卻往往造成生靈塗炭，動盪不安，這樣的例子在歷史上屢見不鮮。

周口店「北京猿人」遺址

Peking Man Site at Zhoukoudian

1987年登錄文化遺產

符合條件：文化遺產標準 (iii) (iv)

位於北京西南方42公里處的周口店北京猿人遺址，目前仍在繼續科學工作中。這個遺址不僅記錄了下亞洲大陸史前人類的社會型態，也提供研究生物演化的實物依據。

建築藝術的極致表現

　　建於西元1420年的紫禁城，是
座南北長961公尺，東西寬753公尺
的龐大建築宮殿群，不僅佈局縝密，
也是中國古代建築藝術的最高極致表
現，先後經歷了二十四位皇帝。據說
紫禁城內共有房屋九千九百九十九間
半，因為傳說玉皇大帝所居天宮共有
一萬間房屋，皇帝貴為天子，自然不
敢冒諱逾越。但這麼多間的房間，想
必連皇帝自己都沒有全部到過吧！

　　如同其房間之多，發生在紫禁城
的故事與傳說也多如滿天繁星，有些
是正史記載，有些則是稗官野史，但
同樣都讓人感到好奇，因為在一個人
說了就算的皇權年代，皇宮的一舉一
動總是會成為茶餘飯後的討論焦點。

　　其實人人都羨慕皇帝擁有生殺
大權，又有後宮佳麗無數，但在我
看來，皇宮中禮節繁褥，皇帝終其
一生，幾乎都只能在宮中生活，手
中雖握有大片江山，但真正能見到
的，大概只有圍牆圍起的封閉世界
吧！說他是擁有最多的，其實換個
角度，反而是擁有最少的，倒不如
做個平民老百姓來的逍遙自在。

對於紫禁城其實不算陌生，因為早已從許多的戲劇中窺其面貌，透過鏡頭，甚至比現場看還要深入清楚，但是真正親眼看見時，更訝異於它的富麗堂皇與軒宇氣勢。就拿最著名的太和殿來說吧！又稱「金鑾殿」的太和殿，是電視戲劇中最常出現的建築，不管皇帝登基、大婚、冊封、早朝，或是命將出征，舉凡重要大事或決策，幾乎都是在這裡舉行。殿前廣場占地3萬平方公尺，也是故宮內最大的廣場，每逢大典，滿朝文武百官聚集於此，鐘鼓齊鳴，光用想像就是一幅壯觀的場面。

太和殿內無法進入參觀。事實上，紫禁城內的絕大部分建築，都只能看其外觀，或頂多在門口探探頭，滿足觀光客對於神秘皇宮的好奇心。每天多如螞蟻參觀人潮的腳步，早已把殿外的石造階梯踏出凹陷的痕跡，如果開放，那肯定是這些建築的災難，只要每個人呼出的二氧化碳，就足以對這些古物造成影響。這是世界遺產的美麗與哀愁，列名後帶來觀光利益，但過多的人潮，也因此加速了某些世界遺產骨本的快速流失。

頤和園

Summer Palace, an Imperial Garden
in Beijing
1998年登錄文化遺產
符合條件：文化遺產標準 (i) (ii) (iii)

頤和園建於西元1750年，是中國山水庭園的經典代表。各式的亭閣、廳堂、宮殿、寺廟和接橋設計與園內的自然的山水協調呼應，極具中國古典園林的美學價值。

護衛皇城的巨龍

紫禁城乃是在明朝建成的,當時保護這個政治中樞的最重要防線,當屬長城。美國第一個登陸月球的太空人阿姆斯壯曾經說過,從太空看地球最清楚的兩項人造工程,一是荷蘭的填海造地,另一個就是中國的萬里長城了。雖然大部分的人無法有這樣的經驗,但是近觀也夠讓人讚嘆,在古代是如何建成這連現今技術看來都是艱難的工程。

因此,來北京除了紫禁城是造訪的重點外,長城也是絕不可錯過,同樣也被列為世界遺產。作為古代中國防禦北方游牧民族的防線,長城在悠遠的歷史歲月中確實發揮了它的角色。無奈外賊易擋,內賊難防,吳三桂開山海關引滿清入關,失去了隔離防禦的功能之後,隨著歲月漸漸風化。曾是古戰場的塞外,灑下的鮮血早已凝乾,被飛揚的黃土一層又一層覆蓋,堆積成一頁頁滄桑的歷史。雖然原本的功能不再,但如今依舊憑著這張歷經風霜戰火的老臉,豢養著許許多多的子民。

從碉樓仰望著長城
護衛北京都城安危數百年

　　在天安門廣場附近，隨時可以拿到許多旅行社印製的名片，這些旅行社打著國營的招牌，包辦許多北京附近景點的一日遊行程，叫價並不算貴，但可別因此上當，這多半是放長線釣大魚誆人的。等到上了車之後，帶你去購物，想盡辦法坑你還算小事，更惡劣的甚至會到半途要求加錢，不從的話就把你轟下車，面對黃土遍地，鳥不生蛋的景象，雖然憋的一肚子氣，也只好花錢消災，認賠作冤大頭。

長城像條巨龍
盤距山頭
讓人讚嘆這項偉大的古代工程

我們找了北京市公車處辦的旅遊專車，車子不定時發車，等到坐滿了人才出發。但價格及品質較有保障，雖然也有帶去購物，但不買也不會強迫。

上車前在地下道向一位老婆婆買了張地圖，一份三塊錢。付了錢向她說聲謝謝，她突然一副感激的表情拍拍肩膀跟我說：「我賣了這麼久的地圖，都是我跟別人說謝謝，從來沒人付錢還謝我的。」和北京人接觸久了，似乎不分男女都是大嗓門，而且脾氣似乎不太好，隨時隨地都要和人辯個公道，就像北京人瞧不起市儈的上海人，也許在天子腳下生活久了，每個人都練就一身傲骨，誰也不服誰。難怪老婆婆有如此的感慨。

車行首先到居庸關。這裡是八達嶺長城的內關，「居庸疊翠」曾是古代燕京八景之一，但也許今年京城的春天來的比較晚，舉目望去，不見疊翠，只見荒黃。八達嶺高速公路及京張鐵路如今穿越這古代兵家必爭之地。可別小看這條鐵路，他可是清末詹天佑主持興建的，是中國第一條自行設計及修築的鐵路。關內形成一個聚落，有塾院、有住家，古代駐守的將士就屯兵在此，維持京城的安全。盛世時，外侮莫敢辱，關內想必是自給自足，一派悠閒；亂世時，金戈刀劍影，關內想必又是另一番燒殺擄掠，劍拔弩張的光景。

　　八達嶺長城是目前修復狀況最完善的一段，也是外國元首造訪長城必到之處。但也許經過修復，相較於另外兩段—慕田峪及司馬台，古意不盡全然。八達嶺南通北京，北至延慶，西達大同，東抵永寧等地，因其四通八達而得名。

　　登高望長城並不容易，將近九十度的坡，爬起來果然是不輕鬆，但毛主席說過：「不上長城非好漢。」人活著就是爭一口氣，為了證明自己是條不折不扣鐵錚錚的漢子，說什麼也得屏氣凝神，發足狂登。

　　登上高處的碉樓，才知一山方有一山高，一坡尚有一坡陡，好漢暫且在此調勻氣息。從碉樓內部的高度看來，古人實在長的不高，還好我不是古代的長城戰士，否則鐵定撞的滿頭包，未戰先亡，徒然淪為歷史上的笑柄。

　　巨大城牆攀著山脊迤邐，如果說山脈是巨龍，這長城可就是它的背脊，少了這條中樞神經，巨龍只不過是條蟲，不但無法發威鎮敵，更少了份活靈活現的騰躍之氣。

　　想像古代烽煙四起時，箭如雨下，命如螻蟻，只為權力消長的征戰；傳令兵來回奔馳報告戰情，大將軍蹙眉踱步苦思戰略，多少的歷史在此重演。歷史依舊會重演，只是不知道，下一次這重覆的歷史劇碼會在何時何地上演？

繁華的王府井大街

回到華燈初上的市中心，紫禁城又回到漆黑，而旁邊的王府井大街卻才剛開始熱鬧。這裡在以往是親王、郡王的聚居之地，再加上有一口遠近馳名的甜水井，故得「王府井」之名，是北京最繁華的商業街之一，聚集了許多高檔的精品店及購物商場。

在王府井大街上，除了各式各樣的商品外，也有小吃街販賣，大部分的攤位都是回民賣烤羊肉串，並沒有太多樣的選擇。如果想要選擇多一點，在行人徒步區盡頭與王府井大街交會之處，有個東華門夜市。一聽到夜市，相信大家都睜大了眼睛，一定頗感興趣，但雖然名為夜市，實際上只是在馬路邊井然有序的設攤位，規模不算大，但來自各省的小吃，都可以在這看到，連台灣的鹹酥雞都在此佔有一席之地。我突然懷念起那每到假日夜晚，號稱亂中有序，愈夜愈美麗的台灣夜市，雖然行走不便頗多怨言，但卻又是另外一種熱鬧的感覺。

走著走著突然有個約莫廿來歲的年輕姑娘跟我搭訕，一身運動服輕便裝扮，問我打哪兒來。原來她是在街上拉客人的小姐，一直慫恿我去她們店裡洗桑拿、做按摩，還說小姐都很大膽的。我心中暗叫苦，不想讓她知道我是凱子「呆胞」，隨口胡謅從江蘇來，在這隨便逛逛，哪知道她說他也是江蘇人，要捧自己人的場。

我一再叫她趕快去找別人，不要浪費時間，可是她似乎不死心，還說願意當嚮導陪我走走，不知不覺身邊又多出一個她的伙伴，兩個女生在我左右，弄得我彆扭不已，實在不是齊人之福，心中盤算如何趕快脫身。後來只好跟她們說我有隱疾，沒想到她們反而呵呵的笑起來。最後實在擺脫不了，只好請她留下電話，保證過幾天再打電話給她才得以脫身，最後當然是沒有打囉！

北京老城新風貌，在開放改革後，連特種行業也是不落人後。其實世界各國都少不了燈紅酒綠，據那位小姐說，北京最多桑拿浴的地方在三里屯，整條街都是。沒去看看那邊的「盛況」如何，是否比林森北路及南京東路有過之而無不及呢？不過這比贏了也沒什麼好驕傲的，趕緊在別的地方迎頭趕上吧！

保留帝國王都的輝煌遺跡

吳哥窟

時　　間：西元九世紀到十五世紀
空　　間：中南半島柬埔寨北方
登錄時間：1992年登錄文化遺產
符合條件：文化遺產標準 (i) (ii) (iii) (iv)

Angkor

吳哥窟是東南亞重要的考古學遺址之一，包含了林地、吳哥窟遺址園區，占地廣達四百多平方公里。全城雕刻之精美有「雕刻出來的王城」之美譽。

武功鼎盛的吳哥王朝，自西元九世紀綿延至十五世紀，疆域西起緬甸，東臨南中國海，北接寮國，除了開疆闢土的不世成就外，歷代的國王更陸續建造及擴充世界上最廣大的廟宇建築——吳哥窟，及挖掘土地造湖儲水、興建許多複雜的堤壩與灌溉渠道系統來增加稻米的產量。根據元代周達觀的《真臘風土記》一書上記載，那時的吳哥是個物資豐裕無慮的年代。

城破繁華盡，掩沒入叢林

西元1431年，鄰國暹羅（今泰國）大舉入侵，圍城七個月後，攻破吳哥古城，將宮殿珍寶、神廟金佛洗劫一空，都城因而被迫遷往金邊，從此吳哥便繁華落盡，掩沒在叢林中，一如這個國家在歷史巨輪推進中的氣數。

曾幾何時，人們對於柬埔寨當年的富裕及強盛早已不復記憶，取而代之的是漫天烽火與赤禍連綿。兒時對柬埔寨的印象來自一部電影——殺戮戰場，對於電影的詳細內容早已經忘記，但是影片中那些一張張驚懼的臉孔與顯現出來戰爭的殘酷，我卻到如今依然印象深刻。一般人對於這個位在中南半島的古國印象，除了一頁頁用殘酷真實紀錄的戰爭場景外，大概只剩下偶爾在台灣鄉間農莊的外牆上，用紅色噴漆寫下斗大「柬埔寨新娘」字樣的婚姻仲介廣告，以及偶爾在報刊雜誌中提及淪落柬埔寨的幫派大哥的新聞中，瞧見這個既陌生又熟悉的名字。

古城重新彰顯世人眼前

而今天的柬埔寨，在政局逐漸穩定後，亟欲向世界張開歡迎的雙臂。沈寂多時的吳哥窟便成為柬埔寨發展觀光業最大的籌碼，數以百萬計的觀光客從世界各地前來，只為了一睹這片叢林中的奇蹟。我想吳哥王朝的國王們，怎麼樣也沒有料想到，當年可能因為好大喜功而所留下的遺跡，如今卻成為後世子民們賴以養家活口的生財工具。歷史，總是一次又一次的不經意開著玩笑。

騎著機車的柬埔寨子民，載著觀光客來回穿梭於這些散居各地的古建築間。吳哥窟佔地廣大，一般觀光客通常都會包下一輛機車，作為移動於各景點間的交通工具，司機同時也擔任嚮導的工作。每到傍晚時分，小吳哥前的樹下，總會停滿了機車，等待包車的客人回來。一個個等待中的眼神，並沒有因為今天有工作而充滿希望，仔細看反倒覺得空洞無力，這些人的歲月盡在等待中消逝，可悲的是並沒有等到屬於自己的未來。

遺跡中的時間彷彿凝結

平民生活

我因緣際會找到一個華人的家庭，林家有三兄弟，家中成員還有媽媽、姨丈及姨婆，我請十六歲的老么永盛充當我的司機，載我到吳哥窟一遊。他們祖先從潮州移居到此地，早已融入當地的生活。柬埔寨的人口約1200萬人，華僑人數約有40萬人。由於原籍不同，華僑語言大體分成潮州話、廣州話、海南話、客家話和閩南語五種，其中又以潮州籍較多。

第一天造訪吳哥窟的早上，永盛如約定的時間前來旅館接我。我們在路邊的一個攤販吃了早餐。這個攤子乍看之下是賣法國麵包，但仔細看又有些許不同。當殖民者的鐵蹄遠離，文化卻如細縫插針般的發揮影響力，眼前的食物便是最佳範例。攤子上的玻璃櫥櫃中整齊的放了一些食材，端上來的早餐，除了一條切開抹上肉醬的法國麵包外，塑膠盤裡還盛裝著細蔥、小黃瓜條、類似火腿的幾片肉，以及一小碟泡菜。

永盛向我示範如何吃前面這盤「法學為體，柬學為用」的新奇早餐。從沒想過法國麵包可以有這樣的吃法，將附上的材料夾在法國麵包裡，再一口咬下。剎那間，法國麵包的勁脆、泡菜的酸甜、火腿的薰味，看似不協調的三者，卻如金剛合體般的對味。

掏出錢付了帳。一份才1000Riel(約台幣8元)，便宜的令人咋舌。但永盛說平常都在家吃粥當早餐，雖然方便，但不是一般家庭過日子用的，偶爾才吃吃吧！

朝日映照襯托紅色建築璀璨耀眼

解決了民生問題，

拜訪的第一個目的地是班塔斯蕾(Banteay Srei)神廟，這是座距離吳哥窟25公里，建於西元967年，歷經拉傑德拉瓦曼二世(Rajendravarman II)及賈雅瓦曼五世(Jayavarman V)兩朝建立的印度教廟，是由當時掌理祭祀的婆羅門祭司所創建，主要是祭祀濕婆神。

　　來這裡的觀光客不少，每個人都想利用朝日初升的早晨，來這裡捕捉班塔斯蕾的美景。因為班塔斯蕾入口是朝向東方的，這段時間最能襯托出雕刻的精緻與典雅。

　　班塔斯蕾的意思是指「女王宮」，班塔斯蕾雖然到了1900年代才被再發現，較其他遺跡為晚，但從裡面雕刻的玲瓏細緻以及保存之完美，仍被確定是這一地區最古老的廟宇之一。陽光照在紅色砂岩的建築上，裡頭的石英結晶呈現璀璨耀眼的反射。

　　入口處躺了一個被地雷炸傷的小孩，模糊難辨的五官及如蜈蚣扭曲般的傷口令人震懾，倒不是因為害怕他的外表，而是驚訝於戰爭對於無辜小孩的傷害。

　　現今吳哥窟內早已將地雷清除乾淨，若不是因為這裡的觀光價值，這裡也許還是充滿危險的地域吧！

上達天聽的宮殿

回到小吳哥(Angkor Wat)，小吳哥的尖塔從外表看來像是一根根的玉米筍，又像是接收天訊的天線，在神權主宰的年代中，這樣的造型確實會給人上達天聽的感覺吧！其實它的造型靈感，來自護城河裡含苞待放的蓮花，不論從何處看，都呈現一種均衡對稱的美感。這裡已在1992年被聯合國教科文組織列入世界遺產加以保護。

踏進小吳哥的第一圈迴廊，視線立刻就被明暗對比的光影所迷惑，廊柱等距的排列迤邐而去，一道道的陽光灑了進來，營造建築光影的俐落反差。陽光中還夾雜著佛像前香煙的裊繞，以及遊人揚起的灰塵，這幅景象，迷濛的讓人以為佛光乍現。

只不過定神一看之後，這裡的許多佛像都是無頭佛像，明顯的砍鑿痕跡，烙印在佛像的頸上。貧窮的人民將佛像頭砍下，偷偷運往泰國古物市場交易，可能是因為佛頭是整座佛像最好砍下的部份，也可能是這些人掩耳盜鈴的心態作祟，認為只要將佛的頭砍下，那麼失去頭的神佛也無法知道到底是誰所做的，藉以獲得自欺欺人的心安。不要道貌岸然的只苛責這些人，若不是因為有這些揮霍如流水的買家存在，也許佛頭依舊安然無恙，仍然照看芸芸眾生。在這些溫飽都成問題的人民眼中，神佛心靈的慰藉還是抵不過肚皮飢餓的催喚。資本主義市場本來就是供需問題，買賣雙方都必須承受道德上的譴責。

吳哥窟是東南亞重要的考古學遺址之一，包含了林地、吳哥窟遺址園區，占地廣闊。全城雕刻之精美有「雕刻出來的王城」的美譽。

　　迴廊的外牆或是角落，
散落著各個舞影，牆壁上雕
刻著穿戴傳統服飾的仙女，
有的單腳微屈，另一腳懸空
做著愉悅的迴轉動作；有的
是輕扭蛇腰，做出最自然且
最自在的搖曳舞姿。自玉蔥
般的指尖到圓潤的體態，無
一不展現活靈的脈波律動，
雖然眼前來往的盡是不同膚
色的觀光客，但從這些壁上
的雕刻，我似乎聆聽到梵音
嬝嬝，肢體神情間透露著千
百年前的自信律動。

　　走到中央平台主殿下，要爬到最高的塔層，必須在此爬上陡峭窄小的階梯，眼睛只能專注的注意腳下，在古時，這樣的姿勢代表著服從與敬畏的象徵，也是國王權位的象徵。我喜歡在沒有人的上午來到這裡，踞高望著四周翁鬱的叢林，寧靜和禪意瀰漫在高塔神佛中，唯一被打斷的可能，是穿著橘色袈裟的年輕僧侶，想要找你練英文。在柬埔寨，會說英文可以顯現與其他人地位的不同，也比較容易找到工作。

　　走出小吳哥，心神還浸淫在精彩的壁畫與建築上，突然有隻手碰觸著我，一個有著黝黑皮膚，深邃輪廓，及一雙明亮大眼的小女孩帶著兩個弟弟，一個抱在手上，另一個則站在旁邊抓著姊姊的衣角，伸手和我要錢。面對這樣的情況，總得要經過一番天人交戰，因為看到他們衣衫襤褸的樣子，再對照自己的富有，你會覺得有種莫名的罪惡感。但千萬別因為一時憐憫而施捨金錢，因為若在他們幼小心中認為只要動動嘴巴就可以不勞而獲的話，對他們未來會有不好的影響，這個國家更是永無脫離泥淖的一天。看著他們分食我的食物，深深的覺得自己是個幸福之人。

「高棉微笑」
看透了人世苦難

緊臨著小吳哥遺址的是大吳哥城(Angkor Thom)，這是由西元1181年登基的賈雅瓦曼7世(Jayavarman VII)所建，這位虔誠信奉佛教的國王所留下的吳哥都城，是一處被長達12公里城池所包圍的城市。元代周達觀描述「其正室之瓦，以鉛為之，餘皆土瓦，黃色。橋柱甚巨，皆雕畫佛形，屋頗壯觀，修廊復道，突兀參差」的遣字用詞，可供遊人想像其雄奇之姿。

進入都城前，遠遠便可見到高7公尺的大石城門上頭，四面都刻著賈雅瓦曼七世的面容，此乃融合了象徵眼觀四面，耳聽八方的慈悲佛菩薩，神人合一是許多統治者將自己推上至高無上地位的最佳手段。若不是現代交通工具不時穿過城門，真就以為這是涅槃世界。

吳哥都城中央，著名的拜揚寺(Bayon)矗立著，二百一十六張巨石笑臉像，高掛在五十四座佛塔上，留給旅客最深印象的「高棉微笑」，看著這塊土地上的子民們，好像在告訴他們「你們所受的苦難我都看到了」，在它隱含著沈思與慈悲和藹的表情下，每個人彷彿都被他看透了。

拜揚的微笑
據說就是賈雅瓦曼7世本人的面容

　　多變的光線或正或側，時強時弱的探射過來，加上遠近交替的層次感，你怎樣都無法在微笑中找到一丁點兒的不友善，誠如這裡的人民，雖然物質生活貧乏，但友善的種子早在那時就已紮下了根。

　　而在賈雅瓦曼七世為了祈奉母親所建造的塔普倫寺(Ta Prohm)裡，到處都可看到擎天而生的卡波克(Kapok)樹。沒有人知道這些大樹究竟是哪一年落地生根，但數個世紀之後，卻成了大自然力量的最佳見證。盤根錯節的樹根，死命從原本作為研習佛經修室中吸取養分，牢牢的抓住寺院的牆石，就在高塔上，像巨傘般撐開枝幹。建築物上瀉下的樹根裸白肥壯，和旁邊低沈晦暗，顯得營養不良的石塊，形成強烈對比。

　　我抬頭望著。左擺右放始終無法將它全部裝進鏡頭中，那臨恃其上的霸氣，以及那立看人世變遷的悠遠歷史，都龐大的讓我承載不下。大樹像隻具侵略性的八爪大章魚，張牙舞爪的和石造建築糾結在一起。如果把樹砍倒，建築將失去支撐而頹圮；但如果任其生長，建築也將不耐負荷而灰飛煙滅。也許是前世就已註定這種令人無法喘息的關係。

土石磚瓦與老樹緊緊依偎
維持一種恐怖的平衡

　　寺院中佝僂老人拿著掃帚，固執地掃著地上永遠掃不清的落葉。塵土冉冉升起，又輕輕落下，深怕驚擾了這近千年來的沈靜。

卡波克樹像是八爪章魚，吸吮著遺跡的養份

象徵泰民族黃金年代的紀錄

素可泰

時　　間：西元十三至十四世紀
空　　間：泰國西南方
登錄時間：1991年登錄文化遺產
符合條件：文化遺產標準 (i) (iii)

Historic Town of Sukhotai and Associated Historic Towns

在曼谷火車站接受預訂車位的辦公室裡，天花板上的吊扇嗡嗡作響不停旋轉，我向售票員攤開手中的火車時刻表，告訴他我想要買一張明天晚上前往彭世洛(Phitsanulok)的臥舖車票。火車是這個國家長距離旅行時很方便的交通工具，自助旅行者都喜歡選擇坐夜車，享受清晨醒來時空都已變換的新奇感覺。其實這個城市不是我的目的地，但它是要前往曼谷北部古都素可泰(Sukhothai)的入口城市。

令人難眠的火車

售票員極有耐心且有禮貌的在電腦上幫我查了一遍又一遍，最後確定明天晚上北上的臥舖車位都已經賣完了。在我後天非到素可泰不可的考慮之下，只好買了三等車廂的票，心中想著碰碰運氣，也許乘客不多，到時便可以一個人占兩個位置，到時倒下來也是一張勉強可以湊和的床。

我的如意算盤在上車後落了個大珠小珠落玉盤全盤皆碎。因為開車前半小時，車上的座位就已經接近滿座，當火車緩緩出站時，甚至還有人沒有座位就乾脆坐在走道上。車廂內的座椅就像台灣的普通車，椅子直挺挺的，不能調整角度也就罷了，更糟糕的是還得面對面尷尬的坐著。我就在這樣的環境中，挨著八小時的車程一路折騰到底。

火車預計在清晨四點半抵達。也許真的是太累了，儘管如此不舒服，依然朦朦朧朧的睡了一覺，在猛然驚醒時，發現手錶的指針已經是四點半了，火車此刻停靠在一個不知名的車站，我睡意全消，倉促中連忙問人確認站名，但坐三等車廂的似乎都不會說英語，情急之下，決定賭賭運氣，帶著行李跳下月台，還來不及看到車站名稱，火車就鳴笛在夜色中漸漸駛離。

我在黑暗中找到了車站站名招牌，這站並不是我要到的彭世洛，車站前不著村後不著店，只有三三兩兩早起的計程車司機在招攬下車的旅人，我查看了火車時刻表，距離下班列車還有兩個小時，實在難熬啊！坐在椅子上眼皮不聽使喚的拼命下垂，我索性就倒在椅子上呼呼大睡起來，能夠躺平的感覺真好！

早晨第一班列車的鳴笛聲充當喚人起床的鬧鐘，在天色轉白時擾人清夢，來到車站準備上班上學的人逐漸變多，我不好意思再佔據整張椅子，先洗了把臉，再到車站前的麵攤吃了早餐，一夜的疲憊似乎暫時消失不見。

除了這麼一點小意外外，接下來的行程就一切都在掌握中了。

自助旅行者交會的光芒

我順利的在轉了一趟車後，坐上前往素可泰新城區的巴士。素可泰有新舊兩個城區，被列名世界遺產的素可泰舊城區，距離素可泰新城區還有約15分鐘的車程，車上十來個乘客中，只有我和另外一位外國觀光客，她也和我一樣，是個背著大背包的自助旅行者。眼神交會時，我們彼此點了點頭算是打了招呼。

「你知道往舊城區要在哪裡搭車嗎？」要下車的時候，她開口問我。

知道我們是要到同一個目的地，在找到往舊城區的站牌之後，我和她開始聊著彼此的這趟旅行行程與至今為止的所見所聞。

其實在旅行的過程中，我非常喜歡和來自不同國家的自助旅行者交談，不僅可以吸取經驗，交換心得，知道哪一家餐廳好吃，哪一個地點好玩，更重要的是感受他們那份享受生活及旅遊的從容與自在，欣賞那一股自助旅行者特有的氣質與毅力。

總覺得現代人給自己設定的框框太多，這個不行，那個會怕，生活的熱度都是靠以往延續下來，不見得是正確的經驗在維持著，不親自嘗試怎麼知道不行呢？聽再多別人的經驗以及別人再多的提醒，總不如自己親自走一遭來的真切踏實。

　　作家王鼎鈞曾經說過：「所有的故鄉都是從異鄉演變而來，故鄉是祖先流浪的最後一站！」這是多麼令人震撼和豁達的說法啊！祖先都是經過長期的流浪漂泊，尋尋覓覓才尋找到如今居住的樂土，既然旅程如此漂泊，那麼每次踏上不同土地都是新的出發，又何必拘泥在島上劃地自限呢？

　　眼前這位Dani小姐，是從德國海德堡來旅行的小學老師，兩個星期的聖誕假期，她選擇獨自來到這個東南亞的熱帶國度渡假，居住在亞熱帶國家的我們認為浪漫純潔的雪國景色，對她來說是迫不急待想要逃離的寒冷白色恐怖。她打算在素可泰待上兩天，由於這樣偶然的緣分，我邀請她一同遊覽這座世界遺產。

　　來到素可泰舊城區後，一下車便很容易的在舊城區入口處找到她今晚的落腳旅館。我雖然不住，在今晚要坐車到清邁，但身上沉重的行李可以暫時寄放在她的房間，不必成為體重的一部份，也著實讓人輕鬆不少。我們就在旅館裡各租了一輛自行車，便開始今天的尋幽訪勝。

　　素可泰是暹羅第一王朝的首府，遺址內矗立的歷史遺蹟，反映泰國建築初期的藝術風格。素可泰文明融合了多種外來文化與當地古老傳統，並迅速融合各方特色，成就現今的「素可泰風格」。

幸福之晨是泰王國全盛期的表現

想要遊覽佔地廣大的素可泰遺跡，騎自行車是最好的方式。這裡的自行車租金便宜到令人難以想像的部分，一天的租金只要20泰銖，相當於台幣約16元，甚至令人強烈懷疑是否真的有利潤可圖。

十三世紀初開始的素可泰，是泰國歷史上第一個獨立的王國，當時擺脫了雄霸中南半島的高棉人控制，被認為是泰民族的黃金年代，不僅發明了泰人自己的文字，傳布了小乘佛教，更建立了與中國的貿易往來，領土疆域更涵蓋了今日泰國的大部分地區、馬來半島與緬甸的部分地區，這樣的盛世維持了兩百多年。

素可泰全盛時期，人口達到30萬。在被規劃過的完美矩形區域內，其長、寬大概各2公里和1.6公里，周圍並有河流作為天然屏障。而按照這個仔細規劃過的城市城牆所圈出的輪廓內，宗教建築的大量存在是其特色，不只表現統治階級對佛教的忠誠，也說明了當時國家的穩定。

素可泰的意思為「幸福之晨」，我雖然沒有在一大清早來到這裡，但進入園區後的第一眼所看見的瑪哈泰寺(Wat Mahathat)，便令人感覺被幸福所包圍著。

傾倒的寺廟、斑駁的佛像
仍靜默地安撫人心

瑪哈泰寺是素可泰現存的城牆內二十多座寺廟遺跡最宏偉

的一座，也是最具有代表性，這座寺廟究竟是誰所建已年代久遠無從考證，但一般認為是在王朝初期便已建造完成。素可泰古城受到高棉藝術風格相當深遠的影響，主要的建築特徵是在聳立高塔頂上，有一個似蓮花蓓蕾的裝飾物，瑪哈泰寺也不例外。而當時的佛像通常都是用黃金、青銅和灰泥所鑄成，雖然今日早已斑駁，但仍隱約可見昔日榮光。

雖然大部分的建築已然傾倒，但是屈腿盤坐的佛像依舊千百年來如一日，神情仍然安詳莊嚴，絲毫不受外在現實環境的改變而有所不同。這也許就是神佛與凡人差異的所在，若是一般人，早已懷憂喪志，但看到佛像，心中的安全與寧靜感便自然而然地汩汩而升，這也是為什麼宗教可以安撫人心的主要原因吧！

瑪哈泰寺前的池水，開著數朵紅色的蓮花，整座寺廟的倒影映現在水面上，形成地上與地下皆有佛的意象，其實佛長存在人心中，要有善念，到處皆有佛。

佛像慈眉善目的神情
是素可泰時期最美的雕刻藝術

旁邊不遠處是斯里沙外寺(Wat
Sri Sawai)。這裡原本是供奉濕婆神
的印度教廟,標準的三聯式佛塔清楚
可見,而塔上的雕刻裝飾十分精美,
謀殺我們不少的底片。

我們便這樣邊騎著自行車,邊找
尋散落偌大園區內的寺廟遺跡。天氣
愈到中午變得愈熱,原本包圍我們的
幸福感已經離我們而去,如今感受到
的是大汗淋漓下的濕黏感,車籃中準
備的一罐礦泉水,早已被喝的榨不出
一滴水來。我和Dani踩著自行車,看
來有點狼狽吃力的繼續騎著。路旁的
指標說明這裡又有一座寺廟遺跡,但
看來是在一座小山丘上,自行車肯定
是騎不上去的,非得棄車就步,一步
步的爬上階梯。我們兩人不約而同的
看著對方,希望從對方的眼神看出有
一個人說出棄械投降,放棄登頂的話
語,但偏偏從我們手中的旅遊指南來
看,這座寺廟似乎也是此地極具代表
性的,似乎誰也不想輕易放棄。

斯理沙外寺是座具有印度風格的神廟

以精神的喜悅果腹遊遍群寺

> 「看完這座我們
> 就去吃午餐！」

Dani開口說出了這句折衷的解決辦法。

其實時間早就已經是下午一點半，早就過了正常該用餐的時間，只是素可泰古城的參觀路線是環形的，而我們此刻正好在一半的位置，頭已經洗到一半，我們不想又重頭開始騎上一大段路，於是暫且忍住飢餓撐到現在。

這座位於山丘上的沙潘欣寺(Wat Saphan Hin)，矗立著一座高12公尺的立佛，手掌在胸前翻起成庇護相。我和Dani滿頭大汗、氣喘吁吁的坐在樹蔭下乘涼，順便仔細欣賞這座立佛。

隨著歲月的催蝕，立佛也已顯露破損，不僅作為基礎材料的石磚外露，整座佛像更有傾倒的危險，好在背後用木柱支撐著，暫時解決眼前的危機。看到這副景象，我不禁想到「泥菩薩過江，自身難保」這句話，我解釋給Dani聽，她也極有同感的笑了。

山上微風徐徐，迎人舒爽，坐久了實在不想再動，多想在此躺下，做它一個南柯大夢，搞不好會夢見佛陀駕著祥雲前來開示點化，省卻悟道修行的曠日費時。但畢竟是個大太陽底下的白日夢，終究還是得起身往山下走去。

事實常常事與願違，並非如我們所願，沙潘欣寺不是最後一個參觀的寺廟，因為看到西昌寺(Wat Si Chum)後，就像見獵心喜的獵人一般，我們一致同意精神的喜悅大於脾胃的滿足。西昌寺的坐佛是全泰國最大的一座，特別之處不僅於尺寸。從外表看不到坐佛的全貌，只能從一道預留的裂口中瞥見露出謎樣微笑的坐佛，若要一覽全貌，那得走進這道裂口中才能看見，抬頭仰望這尊大佛像，我們都被眼前這樣的景象所震懾。

一直到吃飯的時候，我們討論的話題還圍繞在這座廟上。結束近一天的伴遊，我和Dani互道珍重，相約再相逢。

倚傍孟買的石窟寺廟

艾勒芬塔島

時　　間：西元六世紀至八世紀間
空　　間：印度西岸
登錄時間：1987年登錄文化遺產
符合條件：文化遺產標準 (i) (iii)

Mumbai & Elephanta Caves

若從地圖上審視孟買(Mumbai)，這座位於印度半島西部海岸的中點位置的城市，在印度廣大的版圖上，原本是七個不毛小島所組成的沼澤地，但經由英國人填海造陸，形成今日印度最重要的金融經濟大城，彷彿是從醜小鴨搖身一變為天鵝的現代傳奇故事。

從另一個角度來看，距今只有三百多年歷史的孟買，放在印度這個文明古國的浩浩歷史巨流中，也一樣渺小的有如滄海一粟，而且這些歷史幾乎都是由強權殖民統治者所撰寫，但也因此在各個方面留下許多豐富的殖民色彩與特色，形成城市的特殊風貌。

　　城市的重要性往往不是單從地圖及歷史中便能一窺一二，就拿孟買這座同時擁有印度第一大金融經濟重鎮，以及印度最重要電影業製作中心兩項頭銜的城市為例，今日的孟買早已飛上枝頭作鳳凰，重要性傲視全印度，這不是歷史的必然，卻是歷史的偶然。一如其他第三世界國家的都市，能夠提供的工作機會就像具大磁鐵，吸引了許多懷抱理想，期待一夕致富的鄉村人民，前仆後繼的來到這座一千六百多萬人的大賭場，尋找屬於自己的成功機會。

　　從城市地標印度門所在的可拉巴(Colaba)區沿著甘地路(Mahatma Gandhi Road)一路走去，沿街都是英國殖民時期留下的建築，這些建築如今或作圖書館、博物館，甚至就是一般的公司行號與住宅，彷彿像是建築大觀，一口氣可以看到不同風格的建築形式。我轉進孟買證券交易所附近，手提公事包，商人模樣的人群穿梭其間，就一個旅人的感覺而言，這裡是與世界接軌最近的地方，熟悉的資本主義運作模式，分毫不差重現。路旁販賣各種不同物品的小販，用極優美卻急促的彈舌話語拼命叫賣，希望能獲得過路客青睞。

↑板球是印度人最熱愛的運動之一
→孟買的最高學府──孟買大學
　充滿濃厚的歐洲風格

洋溢英國風味的城市

英國人在此地長期的殖民歷史，使得此座城市充滿了英國風味。我小跑步跳上巴士，其實這招是入境隨俗跟孟買人學來的，初見之時，不禁目瞪口呆，暗自佩服，因為從來沒見過搭公車還要助跑的，公車在行駛時，依然能身形輕盈的隨時上下車。這種如同倫敦街頭滿街跑的紅色雙層巴士，票價低廉，早已成為孟買市民日常生活所倚賴的交通工具，而猶如特技表演的上下車方式，成為已然嘈雜孟買街頭的一景。

街頭隨處可見的歐洲建築式樣，讓人有恍如身處歐洲的錯覺；甚至連當地最受歡迎的板球，也是英國人留下來的產物，更不用說那一口不列顛腔調的英語及潛移默化至日常生活的習慣了。

我在維多利亞車站下了車。這座採哥德式建築風格的車站，外觀華麗的像座宮殿或是教堂，十五個月台一字排開，是一班班列車的終點與起點。如果說鐵路是孟買的血管，那麼維多利亞車站就像是心臟，將每個人推送到城市各角落，忙碌的火車班次載走了一群群人們，也載來另一批如洪水般的人潮。

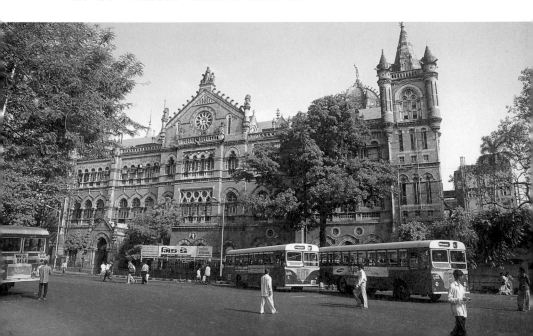

←每到中午
送便當的工人便忙著將便當送至訂戶手中
↓像血管貫穿孟買的通勤火車

特有的便當快遞業

這種特別的郊區鐵路系統，造就孟買絕無僅有的便當快遞行業。

追本溯源，這也是英國殖民時期遺留下來的產物，當年在孟買的英國人無法適應飲食上差異，因此便自己在家裡準備好午餐，帶到上班的地點。但這樣畢竟麻煩，於是有人想出利用孟買取之不盡的人力幫他們解決民生大事，從此發展出特殊的便當文化。英國人離開後，這樣的服務依舊被保留下來。

因此每到中午時分，維多利亞車站附近的街道上，都能看到身穿白衣，頭戴尼赫魯帽的一群人，忙碌搬運著一批批用不同顏色油漆劃上記號的鋁製圓罐便當盒。這些看似無意義不同顏色的記號，其實登載著便當要送的地方，是只有送便當的人才懂的專業知識。

　　孟買便當快遞業的蓬勃發展，除了文化傳承與交通運輸便利的先天優勢外，更有其他條件的配合，廉價的勞力是其中最重要的因素。常常也是世代承襲的便當快遞公司員工，每天早上在上班交通尖峰過後，便開始到各個訂戶家收取家人準備好的便當，他們極有效率的利用火車，運送從郊區收來的便當，到站後再以步行或騎腳踏車，準時在中午預定時間內送到客人手中，每一個便當在送到客戶手中前，可能都已經轉了四、五手，但令人驚訝的是，錯誤極少會發生。而在大約下午一點半左右，運送過程重新上演，只不過作業程序相反，要將空便當盒送回原本取來的地方。

　　也許你會問，為什麼不在早上出門便把便當帶走就好了，還要多此一舉？若你見識過尖峰時間火車的擁擠情況，大概就會明白一二了。能不帶東西是最好的，因為往往會成為你下車時的障礙，而且按照孟買人的飲食習慣，湯湯水水的咖哩湯汁想要在通勤火車上保存完整，簡直是不可能的任務；若每天在餐廳用餐，又是一筆不小的開銷，因此強調準點、方便，每個月不到5美元的便當快遞自然而然成為許多孟買上班族的選擇，每天大約有20萬個便當在城市中作漫遊，成為造訪這座城市絕不能錯過的特色。

　　雄偉華麗的印度門，乃是為了紀念在1911年，當時的英王喬治五世偕同瑪莉皇后來印度時而建。聳立在旁的泰姬瑪哈(Taj Mahal)飯店也是同一時期所建，如今都已成為孟買的地標，不管出海或入港，第一眼見到的便是這裡。

鄰近繁華都市
自歲月獨立於世的文化遺跡

儘管身處在這樣受西方文化影響頗大的城市，依舊可以看到古印度在悠悠歲月中遺留下來的燦爛文化遺跡。位在孟買灣的艾勒芬塔島，距離孟買港9公里，島上石窟寺廟中的宗教雕刻，隱身在燈紅酒綠的大都市中，更讓人驚艷不已。整座由岩石開鑿出的寺廟，已是困難的工程，而部分直接在岩石雕刻的藝術品，更是全印度數一數二的珍寶。也因為這樣的原因，聯合國教科文組織早在1984年便將此地列名為世界文化遺產，希望將這些人類共有的文化寶物，能夠獲得更完善的保護。

造訪此島唯一的方式便是搭船，船從印度門出發，班次相當頻繁，來回票價100盧比，約2塊美金，相當便宜。這裡的船採共同分享利潤的制度，也是相當特別。

船程約1小時後來到島上。石窟位於島的高處，往上走的階梯兩旁，盡是賣紀念品的小攤販。門票分為印度人及外國人兩種價格，外國人250盧比。除星期一不開放，其他日子自早上九點開放至下午五點半。這座由玄武岩中鑿刻出來，富有濃厚傳奇色彩的石窟寺廟，根據印度的神話史詩《摩訶婆羅多》(Mahabharata)記載，是由Pandava兄弟所建成，年代不可考。但根據後來專家學者的考證，這裡應是當時統治了德干高原北部大部分區域的恰魯克亞人(Chalukyas)所興建，他們在西元六世紀至八世紀間佔領此島，石窟寺廟也是在這期間所完成，算算，距今已有1000多年的歷史。

島嶼最早的名稱為Gharapuri，印度語為「神像之島」的意思。在葡萄牙人來到之後，因為在此間發現一尊石刻大象，因此改名為Elephanta，意思就為「大象島」，後來英國人將這尊石雕大象遷移至市區的維多利亞公園擺放。葡萄牙人來此造成許多精緻的雕像遭到破壞，甚至將此島當成標靶作為海軍演習之用，如今所留下的，都是幸運逃過劫數的倖存者。

神像風格細膩精密

　　石窟寺廟分為三個部分，
走進主殿內部，空間相當大，
涼風襲襲吹來，十分舒服，廳
堂共有二十四根柱子支撐，天
花板上裝飾著已經模糊的壁
畫，而裡面的神像雕刻全部皆
為濕婆神(Shiva)，風格則融合
了佛教藝術與複雜的南印度印
度教精密雕刻手藝，這在舉手
投足的形象和細部的頭髮、服
飾及配件中皆可嗅出相互影響
的痕跡。

　　在印度教裡，濕婆
神是非常重要的神祇之
一，與大梵天、毘濕奴
並列為三主神，每個都
是有著千變萬化，讓人
眼花撩亂的形象。

　　寺廟入口處右手邊便是一尊那塔羅闍(Nataraja)的雕像，那塔羅闍是濕婆神多樣化身中的一種，意為「舞藝之王」，也是生命的象徵，傳說世界就是在她的舞姿搖擺中被創造出來。只見濕婆神的頭部向上微揚，彷彿聆聽天界的悠揚音樂，具力量的軀體呈現流線扭動的舞蹈姿勢，衣服的配件與流動感也是栩栩如生，讓人讚嘆古代的工匠水準。而象徵濕婆神陽具的靈甘(linga)，代表生命力，也被眾多信徒供奉撫摸而顯得光滑。

神聖之地當年曾為葡萄牙海軍的標靶

　　這裡最有名的石雕便是馬何夏穆爾提(Maheshamurti)，這尊6公尺高的三頭濕婆神像，分別代表濕婆神創造、保護與破壞的三個不同面向，是印度石刻藝術中的極致作品之一。祂位在廳堂中央處，雖然深置於石壁凹處，卻又像是從黑暗中浮現出來。面對雕像右側的是創造的面向，呈現柔和的面容帶有女性特質，頭髮上裝飾的則是鮮花及珠寶；中央則為保護面向，有著莊嚴肅穆的面容，厚實的嘴唇加上閉目的神情，給人踏實穩重的感覺；而左側則是破壞面向，外表是一個鷹勾鼻的老人，臉上的神情，就像隨時籠罩的陰影，抑鬱又陰晴不定。

　　站在偌大的廳堂，透過藝術的表現，似乎又讓時光倒流，重回到那個以神權為主的悠悠年代。

↑廟內的神像精美
但仍不免在時間流逝中風化
←石窟寺乃是從石場中鑿出

讓里斯本失色的印度西岸明珠

果亞教堂群

時　　間：十六世紀初
空　　間：印度西岸
登錄時間：1986年登錄文化遺產
符合條件：文化遺產標準 (ii) (iv) (vi)

Churches and Convents of Goa

搭了將近12小時的火車，在富有節奏的車輪和鐵軌磨合聲中，獨自沿著印度半島西部海岸南下。雖然意識到空間正在隨著速度移動，但整夜睡在那貼著黑色隔熱玻璃，不見天日的冷氣車廂內，似乎早就與外面世界隔絕，反而呈現一種凝止的靜態。直到再度走出車外，來到此行終點月台後，才發現此刻果亞(Goa)亮晃晃的太陽叫人睜不開眼睛。

　　在當地人協助下，輕易找到前往帕納吉(Panaji)的巴士站。這些一排排升火待發的雜牌軍團，車款型態各異，有些甚至連輪胎胎紋都已磨平，外貌及內部看來同樣陳舊，但別小覷它們，這些可都是擔負著當地客運運輸的重要交通工具。另一點相同的是，不管前往何處，都是價錢低廉。車掌們攀附在車門邊，不斷如念經般大聲重複著要前往的地點，希望能多招徠一些乘客。其實他們不用如此辛苦的，因為幾乎每一班車都能輕而易舉發揮最大載客量。

　　我要前去的帕納吉是現今印度果亞省的首府。坐在略顯擁擠的座位上，可以感覺到純樸的果亞人都好奇打量眼前這個唯一的外國人，但每當我和他們正眼相視，卻又裝作在看別的地方，偶爾有幾次來不及將眼神轉移，於是靦腆卻可愛的笑容就衝著我而來。

四百年來伊比利半島風情不減

果亞位於印度半島西部海岸，面向阿拉伯海，背靠西高止山，距離印度重要經濟大城孟買南方約500公里。十六世紀初，正是明朝三保太監鄭和浩浩蕩蕩率領龐大艦隊下西洋的一百年後，在地球另一端，正值海權時代盛期的葡萄牙帝國，也積極尋找通往東方的新航路。由於具備天然良港與寬廣河道的先天優越條件，果亞在西元1510年第一批葡萄牙人到來時，便已註定成為往後四百多年葡萄牙人在東方殖民的重要據點之一，他們經由此地將東方的香料及物產運回母國，海上商業貿易相當發達，與中國澳門、馬來西亞麻六甲同為葡萄牙海外殖民時期重要的三大亞洲港口。

當初葡萄牙人所佔領的果亞範圍較今日小了許多，最早只擁有帕納吉，以及距離帕納吉約9公里的舊果亞(Old Goa)，這兩個在當時主要的城市，皆在曼都威河(Mandovi River)沿岸，大型船艦可從這裡直駛阿拉伯海，便捷的海運成就了其發展契機。到了十八世紀，果亞才逐漸擴張成今日所擁有的範圍。即使如此，今日的果亞依舊為全印度最小的一個省份，在這個面積3700平方公里，約和台東縣大小相同的土地上，硬是吹拂著一股與這片古老大陸截然不同的拉丁風情，也為原本就豐富多樣的印度，再添一筆色彩。

↑正在汲水的少女
→色彩鮮艷的布懸掛在樹上
　成為招徠顧客的活招牌

　　任何一座城市，除了提供居民相當程度的生活機能外，最重要的還是要有居住於此住民的活動，其生活軌跡打造出城市的血肉，城市才之所以能被稱為城市。雖然時空移轉，葡萄牙人已經離開這個當初一手規劃打造的城市，但舊果亞的伊比利半島風情依舊，黑皮膚深邃輪廓的印度人脫離四百多年來的殖民奴役，從原本的依附成為於此間活動的主體。即使如此，果亞依舊為全印度最晚脫離殖民統治的地區，直至印度脫離英國獨立的十四年後，才於1961年脫離葡萄牙人統治，併入印度的管轄。

　　如同世界上各個大小不等的城市一般，舊果亞的建築也為這座城市刻劃了歷史的紀錄，讓今人依然可以從中窺見往昔，經過規劃的筆直大道及綠意盎然的花園在在顯現舊時的榮光。這裡是葡萄牙殖民時期最早的首府所在地，直到1635年的一次傳染病襲擊城內後，殖民政府才將首府由此遷移至帕納吉。曾經有遊客在造訪過舊果亞之後，若有所感的說：「看過果亞城之後，連里斯本(葡萄牙首都)也要相形失色！」雖然是與母國相距十萬八千里的海外殖民地，但是卻能由此想見當年葡萄牙人打算長久經營的心思。

教堂群展現福音
傳播亞洲的歷史見證

除了來自商業利益的掠奪與考
量外,葡萄牙人同時也希望將天主
教帶進果亞。1542年,懷抱著濟
世胸懷的耶穌會傳教士沙勿略
(St.Francis Xavier)初次抵達果
亞,這位後來也曾經到中國傳教,
最後並死在中國的傳教士,透過教
育以及施展神跡吸引了許多信徒,
一生致力於傳播福音,當地居民受
其感召因而改信天主教的不在少
數,也因此奠定了天主教在果亞發
展的基礎。在其之後,許多充滿熱
情的年輕傳教士也遠渡重洋來到這
裡,甚至在明朝末年,對中國吸收
西方文化扮演重要關鍵人物的利瑪
竇,也是在1578年先到達果亞,
留居四年後,才至中國傳教。

果亞是印度天主教的信仰中心

在舊果亞一連串的雄偉建築中,教堂佔了絕大部分,不僅顯現
殖民時期政教合一的特性,也是最值得流連此地的理由。這兒的教
堂群已被聯合國教科文組織認可為世界文化遺產之一。落成於
1619年聖凱薩琳教堂(Sé Cathedral),屬於葡萄牙風格的哥德式建
築,尖拱及簇柱是其最大的特色,但仔細觀察,外部亦有義大利的
托斯卡尼形式,而內部的柱式則為希臘的科林斯式,直到今天仍然
為亞洲規模最大的天主教教堂。

來到教堂裡面，沿著走道踱向祭壇，四面八方透露出的肅穆氣氛，真讓人有種敬畏感動的心情浮上心頭，這是宗教震懾人心的力量。走道兩旁以及祭壇後面的裝飾雕刻精緻富麗，裹上金箔的外表更顯尊貴，天光透過彩繪玻璃灑了進來，被譽為全印度有名的藝術佳作之一實不為過。

在教堂前樹蔭下的守衛，懶洋洋的坐在矮凳上，看守著這片寧靜的感覺不會發生事情的地區。在南印度熾烈陽光的淫威下，任誰都想像隻沒有作為的老狗，只想靜靜的躺在蔭涼處納涼。放在旁邊的是一個略顯陳舊的冰桶，兼賣飲料給口乾舌燥的觀光客，這倒是穩賺不賠的獨門生意，因為附近並沒有商店可以稍作休息。向他買了一瓶飲料，想要藉此一消暑氣，他幫我開罐後便執意要把位置讓給我坐，「反正我每天都坐著！」黝黑的臉朝我笑了笑。我將幾枚台灣的硬幣作為禮物，送給有蒐集各國硬幣嗜好的他。

　　教堂旁的博物館，除了展示果亞地區的宗教雕刻外，最引人注意的，要算是擺放了四百年來歷任首長的油畫像，畫像因為年代久遠顯得有些黯淡，但依舊可以從畫中看出葡萄牙人當年叱吒風雲、縱橫四海的自信模樣。

　　但歷史一再告訴我們，沒有任何一個以強權為基礎的帝國可以永恆，羅馬帝國、蒙古帝國皆是如此，也許曾經不可一世，但到頭來也許只能緬懷昔日種種，撫今度日。

不管在何地
教堂內莊嚴肅穆的氣氛
讓人心靈平靜

　　另一座著名的仁慈耶穌教堂(Basilica of Bom Jesus)，是印度首屈一指的巴洛克建築。教堂內部的壁畫藝飾，也是印度和歐洲文化交流激盪後所產生獨一無二的創作風格。除了建築和壁畫之外，仁慈耶穌教堂也由於安置供奉了聖徒沙勿略的遺體，所以更是天主教徒的聖殿之一。

　　這些名留青史的偉大教堂感覺雖然華麗雄偉，但不知道是歷史歲月所累積的沉重包袱使然，抑或是早期曾經發生宗教迫害，使得陰影揮之不去的緣故，待久了總會有種莫名的巨大壓力襲上心頭。雖然今日天主教在果亞頗為普遍，然而此地依舊有信仰印度教的教徒，但在果亞沿海地區看不到任何的印度寺廟，因為葡萄牙人早期傳教心切，但卻犯了宗教沙文主義的毛病，眼中容不下其他異教徒的存在，於是有了摧毀印度寺廟，強迫印度人信仰天主等等的霸權行為。許多信仰印度教的信徒，便將寺廟中的神像遷往山區，建立新的寺廟祭祀，藉以避免遭受迫害。主張平和、生而平等的宗教內涵，卻因為人的因素而變質留下遺憾，徒然蒙上一層不光彩的瑕疵。

　　因此，兩相比較之下，座落在村落中或道路旁的小型純白教堂，就顯得容易讓人親近多了。剛做完禮拜的的教徒自教堂走出，可以看出臉上滿心喜樂的笑容是來自真正的心靈平靜，這是宗教的魅力之處，不論哪一派，都有同樣的功能。

海灘上熱情氣氛瀰漫

與舊果亞稍嫌凝窒的懷舊風格截然不同，果亞北邊從阿瓜達堡壘(Fort Aguada)到恰波拉(Chapora)的海灘，沒有大型教堂矗立其間，只有百分之百的熱帶景觀，陽光、沙灘、椰子樹，這些都是編織熱帶景象必須具備的元素，而這裡一樣也不缺。離開鄰近海灘的道路，選擇一條鄉間小路隨意走走，便會對這裡散發的氣氛著迷。也不用擔心會迷路，因為這裡的道路並不太複雜，很容易便能熟門熟路，一輛輛本田(HONDA)的出租摩托車從我身旁騎過便是最佳證明，許多觀光客乾脆就租輛摩托車，作更自由的徜徉。

鄉村的民居房屋同樣具有歐洲風格，它們多半是以當地紅土為建材，紅瓦鋪設的屋頂，廳房上的雕飾，再加上門前種著香蕉樹或是椰子樹的庭院，調和出風味獨具的氛圍，有如慢慢釋放出來的沉香，淡雅卻持久，十足品味舒緩的果亞式浪漫生活情調。

安朱納(Anjuna)綿延近2公里的沙灘，質地細緻，水溫穩定，是這條長長海岸線上最富盛名的戲水天堂，來自歐洲的觀光客，把這裡當作是暫時拋開煩務的避風港。沙灘最南邊的一角，每逢星期三便有跳蚤市場，許多觀光客不約而同朝此聚集，像是大草原上的趕集盛會。幸運如我，來到此地恰好是星期三，自然不會錯過。

跳蚤市場源自於60年代，許多嬉皮客在挑戰質疑社會既有的秩序思維下，看中這裡取之不盡的陽光、沙灘，還有物美價廉的異國情調，紛紛來到這裏盡情墮落。

　　西方嬉皮客來到此地聚集，為了生活，當年這些一窮二白的嬉皮客，就想出在安朱納海灘擺攤的點子，販賣自製手工藝品，賺些日常生活費，結果無心插柳柳成蔭，聚集在此的攤位像滾雪球般擴大，甚至吸引了遠自喀什米爾以及鄰近省分而來的商人。不過在這樣所販賣的物品重複性相當高的市集中，湊熱鬧的人永遠比買家多，婦女將自己打扮的鮮豔繽紛，全身上下鈴鈴鐺鐺紅黃藍紫，反而成為此處另一種吸引人的景觀。

　　海灘上放眼望去，盡是銀波椰影，熱帶風情熱情不藏私的展現著。踩在軟軟的金黃色細沙上，沿著逶邐而去的海岸線行走，偶爾岔入緊鄰海灘的村落中，不時可以看見豎起十字架的聖龕，這些聖龕多以白色磁磚建造，具濃厚宗教的氣息，也顯現天主教在此並不只是符號，而是真正融入一般人民的生活中。兩棵椰子樹上拉起一條條曬衣服的弧線，竟也成為一幅色彩鮮豔的圖案。這是果亞給人的特殊意象，在聖潔純淨的宗教白之外，加上印度變化多端，令人目不暇給的民族色彩，成為隨時提醒遊人身處何地的標誌。

　　在有樂團駐唱的海邊餐廳點了瓶啤酒，就著這樣的夕陽餘暉，胸臆與髮際被溫暖海風吹拂而鼓滿。「If you're going to San Francisco, Be sure to wear some flowers in your hair…」樂團演唱的正是六十年代的老歌「San Francisco」，內容敘述的就是提醒所有支持嬉皮運動理念的人到舊金山時別忘了在頭上帶朵花。餐廳小廝送來餐點時突然問我：「你覺得美伊戰爭如何？」若非這一問，我老早忘記就在這片海洋西去不遠，一群人正殺紅了眼。我回答他：「如果他們來到果亞，相信就不會有戰爭了！」不是嗎？如同歌詞所說，這兒的夏日時光充滿了愛與和善的人們。

印度的一段愛情凝視

泰姬瑪哈陵、
阿格拉堡

時　　間：西元1631年
空　　間：印度北方
登錄時間：1983年登錄文化遺產
符合條件：文化遺產標準 (i)

時　　間：西元1565年
空　　間：印度北方
登錄時間：1983年登錄文化遺產
符合條件：文化遺產標準 (iii)

Taj Mahal & Agra Fort

印度這個文明古國，在人類歷史上佔有絕對重要的地位。在印度各地旅遊，隨處可見的古老房舍讓人隨時感覺都是古蹟，但真要像阿格拉(Agra)這樣，一個城市中有著兩座世界遺產，卻不多見。

　　阿格拉位於印度北方邦省，這個省聚集了全印度最密集的人口，也是許多初訪印度遊客的首選之地。其中最不能錯過，且為人熟知的，當屬號稱世界七大奇景之一的泰姬瑪哈陵(Taj Mahal)。

泰姬瑪哈陵建造於西元1631年，一共動用約兩萬名印度和中亞等地的工匠，費時二十二年建造完成，是當時統治印度的蒙兀兒回教帝國沙迦罕王(Shah Jahan)愛妃泰姬瑪哈的陵墓，樣式融合了印度、波斯、中亞回教等風格，極有特色，耗費巨資興建的泰姬瑪哈陵，雖然在藝術上留下極為輝煌的成就，但蒙兀兒帝國也因龐大開支而逐漸走向衰敗之路。

這樣的模式不只是在印度，似乎在曾經盛極一時的大小帝國中，都不乏看見歷史重演。只是人類總是無法從歷史中學習到教訓，於是一齣又一齣熟悉的戲碼不斷地換人演出。

充滿矛盾衝擊的印度社會

在進入泰姬瑪哈陵園區之前，走在街道上，道路不平，塵土飛揚，身後不時傳來大小喇叭此起彼落的聲音，加上烈日當頭，實在讓人心浮氣燥。我躲到一間賣Lassi的小店舖，點了一杯冰Lassi降火氣，這種印度人極愛的飲料，類似優酪乳的口感，酸酸甜甜的滋味，讓我喝過一次就上癮。最特別的是它所盛裝的容器，是一種陶土燒製而成的粗胚杯，從裡到外都是手工製作的凹凸不平，而且用完即丟。我問老闆，這樣一杯台幣不到10塊錢的飲料，竟然用這種杯子，會不會不敷成本。

「不會！這些杯子很便宜！」他知道我想把手上喝過的杯子帶回家作紀念，還叫我扔掉，另外送了我一個沒用過的杯子。

　　應該真的很便宜吧！其實印度這個國家人口眾多，不乏勞力作這些工作，重要的是常常看到非常辛苦工作的人們，所掙的錢並不多。這就是印度，一個處處充滿著矛盾，貧富差距大，付出與報酬不成比例的國家。

　　進到泰姬瑪哈陵之後，這種感覺更是深刻。原本髒亂的街道頓時轉成花木扶疏，乾淨整潔的畫面，彷彿進到另一個不同的世界。

　　進入泰姬瑪哈陵的檢查相當嚴格，不管男女都得接受詳細的搜身檢查，至於所攜帶的物品是否危險，則由警衛自己主觀的判斷。像我帶了錄音筆和一個小的腳架，也許他們根本沒有見過錄音筆，所以就算花費唇舌跟他解釋半天，還是被認為是危險物品，不准帶進園區內，最後只好寄放在寄物處。

餐館中的廚師們

　　但是令人生氣的是不是不准帶我認為沒有危險性的物品進入，而是當我要去取回我的寄放物品時，明明看見在我前面取回東西的印度人拿了就走，但是當我拿回我的東西之際，看守警衛對著我不斷的摩擦大拇指與食指，作勢要跟我收錢。

　　「10盧比！」

　　「別作夢！前面的人都沒收，為什麼偏偏我要付錢？」就像一支番仔火點燃一桶汽油，我心中的不滿被引爆，生氣大聲的跟他說。

他似乎也被我嚇到，摸摸鼻子沒有再說什麼。

會有如此激烈的反應，實在是最後一根稻草壓死駱駝的效應，因為在印度旅行的過程中，常常必須面對處理這樣的狀況。似乎外國觀光客就是他們眼中的肥羊，不僅門票價格相差十萬八千里，連小地方也想佔點便宜。這個時候的最佳處理方式，就是大聲叱喝，理直氣壯，通常這些人也會自知理虧，知難而退。

但也不要因此被嚇到而以偏概全，認為印度是個可怕的地方，除了這種狀況外，大部分的印度人還是相當純樸可愛的。

完美無瑕的純白象徵沈睡的愛情

從遠方看去，泰姬瑪哈陵中央的穹頂曲線比例完美，陵墓的建築左右對稱，全是無瑕的純潔白色，倒影在前方庭園的水池裡煞是好看。但也許是在電視上或是報導中看過太多有關泰姬瑪哈陵的報導，早就已經熟悉於它的影像，親眼見到時反而少了許多新鮮感與驚奇感。資訊的方便，有時反而造成感官的麻木。

沙迦罕王就是從這兒
遙望泰姬瑪哈陵
思念心愛的人

→泰姬瑪哈陵的入口
↓匠師以古法琢磨著寶石
　完成一件件的鑲嵌藝術

　　走近仔細觀察，以大理石砌成的外牆上，其實鑲嵌有各種顏色的寶石。這些都是工匠們先在大理石上描繪出各式形狀，再小心翼翼的依照形狀鑿出，接著將來自各地的珍貴寶石磨成薄片後鑲進去，密合度之高，讓人嘖嘖稱奇。

　　只是現在看到的這些寶石，大部分都是後來的作品，因為在英國殖民時期被挖走許多原件，直到被列為世界遺產後，才受到保護，也開始進行修復的工作。

　　進入泰姬瑪哈陵參觀，必須在登上白色大理石做成的階梯前先脫下鞋子，或者租用鞋套，才能進入。旁邊有人看管鞋子，但也沒給憑據，同時腳上穿的是涼鞋，就乾脆將涼鞋綁在背包上，不僅方便，也省下了一點小費。

曬了一天太陽的大理石板，像是燒紅的鐵板，熱炙著每個人的腳底板，就算穿著襪子也是一樣燙，只見每個人淨挑柱子形成的陰影行走，有太陽照耀的地方反而沒人的有趣畫面。

進入陵墓內部，一股夾雜著腐敗臭味的味道撲鼻而來，原來在外面聞不到的臭腳丫味，進到這個密閉的空間，全都一股腦兒的散發出來。中央圍護著一道精雕細鏤的大理石屏風，在裡頭有著兩具石棺，其實這兩座石棺裡面都是空的，沙賈汗王和皇后真正的埋葬地點，是在地下另一處土窖中。

不可免俗的，來到這一定要在泰姬瑪哈陵前拍照留念，這當中有許多是沒有相機的印度人，但是別擔心，這裡有許多專門幫人拍照的攝影師，懂得幫你抓到最佳角度，拍完的底片立刻有人跑腿送回去沖洗，等你逛完園區之後，就能立即交件。這也是別具特色的印度服務。

期盼永遠相望的黑堡

沙迦罕王原本想要隔著亞穆納河對岸，再興建一座和泰姬瑪哈陵一模一樣的陵寢，不僅提供自己安息之地，更能和心愛的人永遠相望。這個計劃中以黑色大理石建成的陵寢，終究因為財力無法負荷而未能實現。

雖然沒有黑色大理石的陵寢，但亞穆納河對岸依舊有著另外一座龐大的建築物與泰姬瑪哈陵對望。這座在1565年由蒙兀兒帝國第三任皇帝阿克巴(Akbar)大帝所建的阿格拉堡(Agra Fort)，由紅色硬質砂岩所構造，太陽照耀下，猩紅的色澤更顯耀眼。

阿克巴大帝所建的阿格拉堡，最開始主要是希望能夠發揮防禦敵人的功能，所以高大紅色的城門和城牆和圍繞城牆的護城河，是給人的第一眼印象，一直到後來，這裡才變成皇室成員的住所。

阿格拉堡內聆聽臣民建言
的公眾大廳

　　阿克巴大帝後的從蒙兀兒第四代皇帝賈汗季所興建的賈汗季宮
(Jehangir's Palace)，融合印度和波斯建築特色，同樣使用紅色砂
岩。但到了沙迦罕王，包括聆聽臣民諫言的公眾大廳(Diwan-i-
Am)、接見官員及使節的私人大廳(Diwan-i-khas)等大多數建築，
在建材使用上，反而和紅色的城牆大異其趣，呈現出沙迦罕王一貫
喜愛的白色大理石，在細膩的雕刻與寶石鑲嵌裝飾上，藝術程度與
水準絲毫不輸給泰姬瑪哈陵。據說，沙迦罕王因為興建泰姬瑪哈陵
的勞民傷財而失去民心，在晚年被兒子歐朗傑伯囚禁在阿格拉堡。
不知道每天都會透過窗戶遠眺泰姬瑪哈陵的沙迦罕王，他那時是懷
著怎樣的一種心情？感嘆人生無常，抑或是絲毫不後悔他曾經所作
過的一切？

　　在阿格拉堡外頭就是人聲嘈雜的巴士站。我躲過上前來招攬生
意捎客的拉扯與呼喚，一頭走進當地的熱鬧市集。這裡的舊市集保
留了當時的建築景觀，許多木造的房屋，堆積著百年來的塵垢，彼
此之間還牽扯著似乎永遠理不清的各式纜線，但仍然掩不住木櫺上
精美的雕花。只是這些雕花彷彿命中註定的繼續在車水馬龍中蒙
塵，擁擠街道上的店面一家挨著一家，沒有一家不堆滿待價而沽的
各種商品。即使知道這些都是先人所留下的遺產，但後世子民更在
意他們是否能填飽肚子。

　　於是，就算在阿格拉這個城市極為少見的同時存在著兩座世界
遺產，那又如何？對當地人來說，生活照樣要過，不同的大概只是
在街上比較能常看見外國觀光客的臉孔，如此而已。

歐洲人在南亞地區遺留
防衛要塞的典型建築

加勒古城

時　　間：西元十六世紀
空　　間：斯里蘭卡南岸
登錄時間：1988年登錄複合遺產
符合條件：文化遺產標準 (iv)

Old Town of Galle

就像古代張篷拉帆航行海上的水手，可從滿天星斗，作為判斷明天是否是個晴朗好天氣的預兆一樣。當刺耳的喇叭頻率次數減少，沿路椰子樹增多，及海水漸漸澄藍透澈的情況下，我們已經可以判斷目前正遠離擁擠嘈雜的首都可倫坡。而當這些徵象愈發顯著之際，我們也知道有著美麗海灘的南部海岸就在不遠處了。

從可倫坡出發，沿著A2公路一路往南，那兒有著斯里蘭卡最迷人的海岸。公路就沿著海走，海在哪裡，公路也隨之延伸到那裡，不用擔心看不到壯闊的海洋。

其實這裡的海灘不輸給國人熟悉的普吉、巴里等熱帶島嶼。但當大家一窩蜂擁向同一個島嶼時，實在很為那一個島嶼的命運擔心。因為隨之而來的可能是破壞與不堪。

聞鄉音有如夢遊他方未曾遠行

曾經有朋友去普吉島度假，剛好生理期來臨，到當地商店去買衛生用品，卻又不知該如何用英文表達。

「妳要買什麼？」這句話沒有經過翻譯，直接以台語從當地商家口中說了出來。

她嚇了一跳，以為又回到了台灣。或者是，她根本沒有出國，這一切都只是夢境。

捏了捏自己的手臂。很痛，這不是在做夢。

原來頻繁來此的台灣觀光客，早就讓他們也學會了一些我們的語言。

朋友說，原本置身國外的興奮感覺，剎那間化為烏有。

人的感覺是很捉摸不定的。有些時候，熟悉的語言讓我們有他鄉遇故知的感動，但有些時候卻又是大殺風景的程咬金。

這裡沒有聲光炫麗的秀場表演，有的只是蔚藍天空與白色貝殼沙灘；沒有擁擠喧鬧的海攤，有的只是一派悠閒氛圍。你可以盡情享用平均人口密度低很多的熱帶沙灘，或者點一杯果汁，在椰影下看書，然後又昏沉沉在慵懶中睡去。

也許我們還沒學會怎樣放鬆自己，這樣的悠閒，反而讓人不知如何面對無事可做的荒蕪。但歐洲人總喜歡在歐陸冰天雪地的時候，來到斯里蘭卡的海邊渡假兼避寒。

加勒的燈塔指引海上的水手們

令人失望的高價海鮮餐

中午在漢卡杜瓦(Hikkaduwa)用餐。那是個尷尬的時間，說是午餐，卻明明已經兩點多了。

管他是哪一餐！我只知道肚子咕嚕咕嚕的向我傳出抗議聲。

一陣突如其來的驟雨，讓我們以手當傘，快步奔進餐廳內。悶熱的空氣因為這一場雨而消失無形。

這場雨來的真是時候！

看著海上灰濛濛的烏雲由遠而近，再重新看到湛藍的海洋時，已是雨過天晴了。

因為肚子餓得慌，我們點了海鮮總匯，準備邊欣賞海景邊好好大快朵頤一番。內容包括一隻螃蟹、兩隻烏賊、兩隻明蝦以及兩大片魚肉，不甚精緻的用蕃茄醬燴過。魚肉吃起來又老又硬，螃蟹也沒什麼肉，無法給予太高的評價。雖然美味得分不高，但這頓午餐卻是我們在斯里蘭卡最貴的一餐，1800盧比，約美金20元，還要外加服務費，實在是不值得。

婦人們正將捉到的鯷魚曝晒成乾

　　斯里蘭卡雖然四面環海，但也許是因為捕魚的器具不發達，以及沒有良好的冷藏保鮮設備，所以不只是這一餐的海鮮不可口，往後旅途中吃到的海鮮也並不甚新鮮。

　　餐廳就在海灘旁邊，吃飽後站在海灘上，從這個地方看過去，可以看到有個突出的地岬就在不遠處。

　　那兒就是加勒吧！我想。

　　海灘上停了幾艘簡單的馬達快艇。隔壁老闆熱心的問我要不要潛水或坐玻璃船，他可以幫我安排。望著因雨而混濁的海水，我搖了搖頭。

　　上車沒多久，果然如之前的判斷，我們來到了加勒。

追隨鄭和下西洋的腳步

古代錫蘭人稱Galle為「Gala」,意思是石頭,指的是這裡的海岸岩石。也有一說是葡萄牙人入侵時,因為據說聽到公雞啼叫,而葡萄牙語裡的公雞為「Galo」,後來沿革成今日的Galle。

加勒著名的堡壘最早是在1589年由葡萄牙人所建。在1640年又被荷蘭人所佔,荷蘭人佔領後,把葡萄牙人所建的堡壘完全破壞,後來在1663年又擴大規模,蓋了現今所看到的堡壘。

在歷史的軌跡裡,加勒也許比不上島嶼北邊的佛教王朝古城,但相較古城如今的死寂,它則顯得生氣蓬勃,因為這些古蹟跟人發生關係,使它們顯得更有人味,而非只是像個神聖不可侵犯的冰冷形體。

在可倫坡十九世紀建港之前,加勒是斯里蘭卡最重要的對外港口,明朝鄭和下西洋時來到錫蘭,便是從此上岸的。

加勒的海經千百年依舊湛藍
一如鄭和下西洋的年代

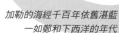

我們在市集裡採買了一些水果。市集裡的人們總是用「恐泥基哇」來對我們打招呼，在它們的眼中，日本人和台灣人是無從分辨的，就像我們也無從分辨印度人和斯里蘭卡人有何差別一樣。剛開始還會跟他們說明「I come from Taiwan」，但似乎「Tailand」又比「Taiwan」有名聲，他們看起來也似懂非懂，大概為了禮貌，只是猛點頭。後來懶的解釋，反正都是兒童相見不相識的「外國人」啦！

　　加勒古堡是十六世紀時由葡萄牙人建造的。西元十八世紀在英國人入侵之前，一度輝煌發展達到頂盛。它是歐洲人在南亞及東南地區建築防衛要塞的典型代表，成功地融合了歐洲的建築藝術和南亞的傳統文化。

溫馨旅館滿足旅人的心

下榻旅館在一處小山頭頂端，抵達時，門口年輕警衛正在逗著狗玩，看到我們來，趕緊回到警衛亭，把帽子戴上，並幫我們拉開大門，臉上顯出一副不好意思的表情，大概覺得讓我們看到他怠忽職守的樣子吧！其實這樣才比較有人性嘛！

游泳池就在大門入口處。游泳池的視野極佳，毫無阻礙，可以一覽無遺的飽看海灘與綠蓊。在這充滿歐洲城堡氣息的城市，欣賞著印度洋的夕陽餘暉，金黃夾雜粉紅如絲綢般的光彩，灑在海面上，格外浪漫。

侍者端來兩截竹筒，外加兩顆加壓後的結實黑糖塊。竹筒裡面裝著不知泡過什麼東西的水，單喝無味，卻與平時所飲的水不同。但咬上一口黑糖，再喝上一口冰涼的水，便覺芳香甜味滿溢口腔。

旅館旁樹上不知名的鳥兒紛紛歸巢，啁啾聲不停，催促我們美景當前。我們迫不及待放下行李，想搶在太陽下山前取得好鏡頭。一對來自荷蘭的夫婦帶著小朋友來此度假，見我們在拍照，熱情向我們推薦他們房間的陽台，那兒有著更好的取景角度。

太陽下山後，萬物俱靜，仔細聽依舊可以聽到海浪拍打海灘的聲音。初聽微聲，後則轟然。

盥洗後又聽轟然之聲，原來是胃酸拍打胃壁之聲。因為旅館離市區有段距離，再加上白天沒有先買好晚餐，所以晚餐就在旅館中解決。其實逛了市集一圈，發現可以買來當晚餐的食物也不多。

一套西餐，包括沙拉、主菜、甜點、飲料等，紮實的只需新台幣約150元就可享用到，算是非常便宜，不過幾天累積起來，在費用上也就增加了數目。

吃吧！今朝有酒今朝醉！

用餐一半時，一位拿著吉他的中年人開始在每桌前賣唱。其實那晚用餐的，只有我們以及那對荷蘭夫婦與他們的小朋友而已。

中年人的聲音輕輕柔柔，似乎配合這份夜的靜謐、屬於燭光的晚餐。不過太輕柔了，聽不清楚歌詞的內容是什麼。不過這不打緊，不影響氣氛的營造。

來到我們桌前時，我正吞下盤中的最後一口牛排。

唱了兩首歌之後，他問我要不要點首歌。

「為她來首情歌吧！」

我看著坐在我身旁的女友，露出哈巴狗似的討賞表情。

她笑了！

旅行中的樂趣需要像植物一樣的培養，不需要花大錢，只要記得定時灌溉，就有收穫。

堡壘既困住敵人也禁閉自己

第二天一早，來到荷蘭人興建的堡壘內，以前的市鎮就僅在這片圍城內發展。不只在加勒，自古以來，人們就是這樣，用武力攻打別人之後，又擔心別人是否會回來再攻打他，於是大興土木，建立起一座座高聳的堡壘，來保護自己武力征伐來的成果。他們不知道，建起高牆的同時，他們同時也切斷了與外界的接軌，暗中埋下衰亡徵兆。

荷蘭時期舊法庭前的大草坪上，大樹像張開的扇子，蔭照著這片地方。若沒有農民開著耕耘機經過，在斑黃記憶上劃破一道現實召喚，真的令人有時光錯置之感。

加勒是斯里蘭卡第四大城市，因為這兒有座至今仍保存完好在荷蘭佔據時期興建的堡壘，所以也是斯里蘭卡最有異國情調的城市。在海權主義的年代，荷蘭叱吒風雲，在世界各地建立許多的灘頭堡，我想到台灣的熱遮蘭城及淡水紅毛城，它們一樣見證著同時間發生過的歷史。

加勒城堡內的古城
古木參天、美景如畫

城鎮中的教堂建於1640年。就像大多數教堂的設計，教堂裡挑高寬廣，給人「天國近了」的感覺；古老的管風琴放置在教堂左側，空靈迴旋的聖樂曾一次次在這裡響起；窗戶上的彩繪玻璃，記述著聖經中的故事。

管理員站在門邊，向我招了招手。

「我帶你們看樣東西！」

在教堂旁，有一個被鐵柵欄封閉的洞口，荒煙蔓草，堆滿雜物。管理員說那是秘密通道，可以從這裡進去直通到海邊。

走在堡壘的城牆上，望著幾百年來反覆拍打堡壘的海浪，像是一波波再起永不放棄的攻擊，忍不住想問問它們，它們得到了什麼？又看到了什麼？

到加勒的時候是星期假日，許多人都扶老攜幼的來到這裡，他們就在海邊的草地上野餐，或者跳下海去，浸泡在水中去暑。只是他們都不穿泳衣的，就這樣穿著衣服跳下去戲水，大概是民風保守，不准他們赤身裸體吧！雖然身上束縛較多，但絲毫不影響人類喜歡和水親近的本性，不管大人小孩，從他們的臉上便可看出快樂滿足的表情。

一個爸爸抱著正在牙牙學語的小朋友，讓他也能領略到海水的清涼。只不過小朋友似乎還沒習慣面對如此大的浴缸，在他的臉上表情透露出這樣訊息。假以時日，他必也能像其他的小朋友一樣開心，享受在海水中翻滾的樂趣。

站在堡壘上看古城
邊想輝煌年代

　　北邊的堡壘是城鎮銜接陸地的出入口，有著雙層更為厚實的城牆與聳立的鐘樓。看了看手錶，鐘樓時鐘上的指針早已靜止不動，它嚥下最後一口氣的時候，不知道是在何時？

　　後來我才發現，在斯里蘭卡城鎮裡，雖然有許多鐘樓，可是沒有一個是準的。也許它們只紀錄滔滔的歷史洪流，而不紀錄這微不足道渺小的白駒過隙。

　　沿著堡壘的城牆繞了一圈，我的心情也被包圍在俯拾皆是歷史的荷蘭堡壘內，留在那一個海洋主宰一切的年代中。

隱沒在叢林間的

阿努納達普納聖城

時　　間：西元前五世紀
空　　間：斯里蘭卡北部
登錄時間：1982年登錄文化遺產
符合條件：文化遺產標準 (ii) (iii) (vi)

Sacred City
of Anuradhapura

世界上曾經威霸一方的王朝，不知凡
幾，為了顯示實力，都會耗費動員大
量人力與財力，建設盛極一時的帝國都會。
猶如幕起幕落的戲劇化，上演時，各路人馬
匯集此地，取得城市中一席落腳之地，並且
尋找可遇不可求的機會；而曲終人散時，剎
時如鳥獸奔散，大難來時各自飛。沒有地久
天長的王朝，只有空留餘恨的滄桑。

　　如今，這些重要建築或與城市人民生
活息息相關的設施，大部分成為人們撫古
追昔的標的物。

曾經佛法普照的都城

根據歷史記載，西元前五世紀，一位印度王子帶了數百名隨從，不遠千里來到錫蘭島，開啟了錫蘭王朝，並定都於阿努納達普納(Anuradhapura)。之後的歷任國王宣揚佛法不遺餘力，連東晉法顯都曾來到這佛教盛行的城市待上兩年修習佛法。阿努納達普納做為都城一直持續到西元993年，來自南印度的Chola王朝，佔領並消滅了為止。

西元1073年，維傑耶巴忽一世(Vijayabahu)才又重新從Chola王朝手中奪回統治權，並在波隆那瓦(Polonnaruwa)建立新都城，往後一百五十三年歲月裡，波隆那瓦便成為古錫蘭王國的首都。Vijayabahu國王積極修建寺廟及灌溉系統，而之後的Parakramabahu一世(A.D.1153-1186)及馬拉(Malla)王朝時期，更在建築、工藝及雕刻藝術的成就上達到巔峰。後來由於異族再度入侵，首都也在動亂中再度搬遷，自此波隆那瓦就隱沒在叢林間，王朝灰飛煙滅。

如今，真的只能從塵埃落定的廢墟中拼湊出當時的榮光了！

wewa指的是作為灌溉用的人造湖，在斯里蘭卡有很多這樣的湖泊，多半都是古代王朝所遺留下來灌溉工程中的一部份。

夢裡僧侶身殘存的遺憾

來到斯里蘭卡北部的波隆那瓦時已經是傍晚時分。站在Topawewa湖邊的堤防上，天空飛過一群群歸巢倦鳥，小和尚褪去鮮豔的橘色袈裟，露出黝黑皮膚在湖裡戲水，連遠方湖對岸的象群也走回叢林深處準備休息。

來到湖邊旅館時，天已經黑了。

「可以給我們水嗎？」check-in的時候，跟櫃臺人員說。

「熱水還是瓶裝水（bottled water），先生？熱水不用錢，但是瓶裝水必須要付費。」

到現在我才知道，為什麼每次在餐廳當我向侍者要水時，他總是端來一瓶礦泉水。

「你們這邊為什麼沒有提供普通冷開水呢？」我問侍者。

「因為水質不好，生喝會有細菌感染，一定要煮沸後才能喝。」

「可是你可以煮沸後再放涼啊！」我心想，又沒有人說一定要生飲不可。

他露出一個未置可否的表情。不知道那代表什麼意義？

「那我可以跟你要兩壺熱水嗎？」

「可以的，先生！」

稍後侍者送了兩壺熱水來，將一壺拿來沖泡麵，便馬上交還給他。

「抱歉！請再來一壺！」

還好斯里蘭卡熱水瓶保溫效果並不太好，很快我就有冷開水可以喝了。這不失為一個省錢的方法！

房間隔壁住了一家斯里蘭卡人，晚上似乎在房間裡開同樂會，不時傳來唱歌及吃喝的聲音，兩個小朋友更是快樂的在走廊上跑來跑去。看來今晚我們是不會寂寞了！

那晚，我夢到我是個古代自遠道而來的僧侶，浸淫在古都濃郁宗教氣息中，心中親近佛境內斂的狂喜，就像魚之於水般的悠然與喜悅。

莊子與惠施的辯論中說：「你不是魚，怎知魚的喜悅？」

「你又不是我，怎麼知道我不知道魚的快樂呢？」

是的，你又不是我，是無法瞭解夢中化為僧侶的我那份自心底湧起的滿足。

南柯一夢醒後，夢終究是夢。我還是只能從古佛都僅存遺跡中，蒐集夢裡僧侶殘存的破碎片段，試著將它重組、復原，找尋那曾有過的深層震撼。

印度與僧迦羅文化交迸出華麗風格

如今在波隆那瓦留存的遺跡比阿努納達普納完整。在波隆那瓦都城內有著許多雕刻裝飾華麗的建築,由於受到印度文化強烈影響,所呈現的風格都是印度與僧迦羅文化火花交迸的成果。

昔日王宮僅剩下兩座對稱的廢墟。據說王宮以前有七層樓高,共有五十幾個房間。當初作為地板的木頭早已消失,如今要從外觀看出往昔是有些困難。

昔日七層樓的王宮,如今灰飛煙滅,僅留遺跡憑弔

雖然如此，但仔細注意宮殿角落處或是不突出的部份，因為蝕損較少，可以看出主建築是由磚塊砌成，先在外抹上一層灰泥，再鋪以大理石裝飾。所以在當時，這座宮殿應該是白色大理石宮殿，和現在所見紅黑夾雜的模樣有天壤之別。

除了宮殿外，石柱豎立的議事廳與呈圓柱形的圖書館建築也可透露出當時的工藝與知識水準。遺跡中有座叫「Thuparama」的廟，這座廟第一眼的感覺就是厚重樸實，它是在此地所存遺跡中採用gedige建築風格中規模最小但最為精緻的一座。gedige是僧迦羅人一種建築形式，最明顯特徵就是砌以厚牆以及用柱子支撐的屋頂。

走進廟裡，裡頭有許多石刻佛像，乍看跟其他佛像沒什麼差別，但當管理人在幽暗空間點起一根蠟燭，靠近佛像時，佛像竟在燭火照耀下閃閃發光。原來雕刻佛像的石材裡頭含有石英與雲母，才造成這般的異象。

想像以前虔誠的信徒或僧侶，看到這幅動容光景，怎能不以為這裡是神佛之界呢？

斯里蘭卡人有個很與眾不同的表達方式，那就是搖頭表示肯定，點頭表示否定，初初到旅人開始很不適應。這也難怪，不過就當是錯誤的美麗…古老的宗教文化，原始的異域風情。

旅行的勇氣
來自對旅行的堅持與實踐

從廟裡走出來後，看見一位黃皮膚黑頭髮的女生，騎著腳踏車在此遊覽，早上出門時，在鎮上就看到她牽著腳踏車在湖邊堤防上。她只有帶著相機，身上圍著此地買的紗麗，想必是要在這兒久留。從她的樣子看起來像是日本人。

「妳從哪裡來？」我們上前和她聊天。

「日本東京。」果然料得不錯。

多次旅行累積的經驗，已經對自己眼力有相當自信，可以約略猜出眼前的人是來自哪一個地區。這沒什麼！只是好玩而已！這也是我拓展視野的方式之一，和不同國家觀光客聊聊天。

她一個人準備在斯里蘭卡旅行一個月，聽到這樣的奢侈，我們立刻露出欽羨的眼光。

「妳還是學生嗎？」大概只有學生才能擁有這樣長的假期。畢竟要在工作與旅行間抓得一個平衡點，並不是每個人都那麼容易辦到的一件事。

「不是！我已經在工作了。」

她靠兼差工作灌溉旅行，工作則提供旅行必要的養分；工作往往是旅行的牽絆，但她卻又不讓工作阻礙她要在旅行時栽種下的花朵。這樣的旅行態度不是每個人都可以擁有的。

我佩服她獨自一個人旅行的勇氣，更佩服她對旅行的堅持與實踐。

實踐！不是嗎？這是現代人最缺乏的一種勇氣與熱情。

我們在瓦塔達克佛塔(Vatadage)門前脫了鞋，赤腳走上台階。這座佛塔是目前僅存少有的建築，在造型上呈現高雅的品味。高聳圓圍牆中央，有一個圓形佛塔，佛陀高高坐在塔前的基台上受信徒膜拜。

↑圓廟
→瓦塔達克佛塔前的石獅

　　環繞在佛塔周圍是一連串精彩浮雕工藝。台階前有著一塊半圓型石刻，兩旁也有栩栩如生的雕刻作品。這可是有其功能性存在，而非純粹的雕刻。

　　在錫蘭美術中，最能代表錫蘭獨特樣式的就是守護石和月石。入口台階兩側的守護石，作用相當於中國門神，石版上雕刻著驅邪除魔的神明，守護著佛寺裡的佛像，阻止惡魔入侵。

　　至於多半用花崗岩雕刻而成的月石(moonstone)，半圓型鋪面上，一樣刻有許多不同圖案，包括火焰、蓮花等吉祥物，及獅子與大象等聖獸，圖形成環狀排列。當人們要踏上階梯，進入寺院前，必須先赤腳踏上月石，低頭注視月石上的神聖圖案，使自己情緒逐漸穩定，再進入寺院參拜。心靜了，離神佛距離也就更近了一步。

臥佛傳達出生死達觀的氛圍

往北邊走去，來到著名的加爾寺院(Gal Vihara)。這兒有著極為壯麗的戶外大型石雕。在Gal Vihara佛像群的遺跡中，首先映入眼簾的是倒臥的釋迦牟尼像，這是波隆那瓦最著名的佛像之一，也是代表斯里蘭卡的重要表徵以及其引以自豪的美術工藝，在許多明信片及書上都有祂的影像。

佛像群共有四座佛像，都是在花崗岩上大筆雕刻出來的。臥佛長14公尺，一隻手枕在手下，另一隻手平放在大腿上，閉目安詳寧靜的神情，代表著涅槃狀態的佛陀，可以充分體會出釋迦牟尼看破生死的達觀態度。

佛陀身上的袈裟，雖然是用石頭所雕刻而成，但依舊顯得層次分明且具飄逸感；在左邊站立的石佛像是其弟子阿難(Ananda)，兩手交叉在胸前，在佛陀死前觀照著祂。臉上哀傷的表情，似乎在撫平激動的情緒，哀悼著其師涅槃。

連佛陀都無法忍受的悲歡離合，每天在人間不斷的上演著。佛與人都是肉身肉心，面對人生的苦難，怎麼能不哀痛逾恆呢？

佛教故事上說，當釋迦牟尼佛知道自己即將死去，曾跟侍立在一旁的阿難說過這樣一段話：

「阿難！不要悲傷，不要哀嘆！我不是曾經這樣告訴過你嗎？『凡喜愛之物，終有失去他們的一天，一切生存、創造都將遭受毀滅。』阿難！感謝你長久以來以慈悲、清純的身、心侍奉我。」

靜靜坐在佛像對面的石丘上觀看，內心不斷地咀嚼這段感人話語。師徒之間的感情透過話語傳誦與生動石雕保留下來，讓我即使不在那樣的時代，也能夠揣摩一二，這是歷史與美術的動人之處。

　　另外兩座佛像皆為坐佛，皆是鑿穿岩山建成的佛堂。神龕和後屏的建造方式承襲了七、八世紀石窟寺院佛像的風格，足部採小乘佛教美術中常見的瑜珈座，衣服與臉部的雕刻亦是錫蘭獨有形式。佛堂內壁上，則有著殘破壁畫斷片。如今為了避免日曬雨淋的風化與侵蝕，在上面搭了棚子作為保護。

　　佛眼透澈且堅定的看著人世間苦難，前來參拜的信徒也向祂娓娓訴說生命中那許多不可承受之重，藉由信仰與佛陀扶持，信徒得到繼續生存下去的理由與希望。

　　看到這些靈通莊嚴的佛像，實在得拍照留念一下，也可讓祂輝蔭庇佑於我。

於是把相機交給我的司機Mithra，請他幫我們以石雕佛像為背景留下見證。

「不！不可以！」

正當我們站好準備拍照，Mithra不斷地搖著一隻手，臉色顯得凝重。

沒看他這麼嚴肅過，不知道發生了什麼事情，我們也是一頭霧水。

「你不可以把屁股對著佛像！」他走過來把我們兩個人姿勢稍微調整了一下。

「這樣就可以了！」

原來在斯里蘭卡，與佛像一起照相時要特別注意，屁股絕對不能面對佛像，因為背對著佛像，讓這些高貴神祇瞧著你的屁股，是非常不敬的行為，會招來當地人非議。連Mithra如此溫和的人，都會面色凝重。但也別擔心無法和這些雕刻細膩的國寶合影，只要身子稍微側站一點，便可以避免這樣的問題。

而在旁邊的草地上，素人雕刻家承襲了祖先技藝，不讓前人的石雕大佛專美於前，用椰子殼雕刻出來的各種動物型態，有猴子、有大象，以小搏大，相互輝映。可愛討喜的造型裡，還巧妙保有完整甜美的椰汁。問了問價格，經過巧手雕琢的椰子竟然比完整的椰子還要便宜。這樣的情況讓我完全無法判斷，在斯里蘭卡究竟是依循什麼標準來訂定東西價格的？

伴隨日起日落，流動的是古今過往的塵埃。而這座中世紀古都為了讓人能夠緬懷，就這樣凍結在某一個時空中，僧侶與信徒的熾熱再也無法融化永凍的歷史。

雄偉絕妙的天上宮殿

辛吉利亞古城

時　　間：西元五世紀
空　　間：斯里蘭卡中部
登錄時間：1982年登錄文化遺產
符合條件：文化遺產標準 (ii) (iii) (iv)

Ancient City of Sigiriya

「黃金般的宮殿，豪壯的廳堂，
鋪陳擺設，極盡奢華；
莊嚴的內院，雄偉的宮牆，
如今都像霧一般消失了。」
「雄姿散發的光輝，
蕩漾在冷清的空氣中，
如同月亮吸引少女的心，
哦！它將永遠屹立於此。」
——Sigiriya兩首讚美詩

　　到達辛吉利亞正是日正當中，被頭頂太陽曬得昏昏欲睡的我，在公路旁茂密的樹林縫隙中，瞥見了一塊巨石。由於視線受到阻擋，只能從忽隱忽現的片段，拼湊出大概的面貌。

　　直到當我全然的面對它時，才感受到那種震撼的力量。這塊黑褐交雜的巨大花崗岩塊，就矗立在原野上，傲視四方，看到它令人在第一時間想到澳洲的艾爾斯岩，同樣的具有一股難以言喻卻吸引人的魔力。

意外發現的巍峨宮殿

　　西元1831年，一位英國獵人在斯里蘭卡中部的辛吉利亞叢林裡，發現一塊200公尺高的孤立巨石，但他只有讚嘆旱地拔起高聳岩石的雄偉，震懾於自然的奇蹟，並沒有好奇的登頂一探究竟。如果在那時稍微整理心情，登頂觀看，他將會受到人文奇蹟的二次震撼。因為他萬萬沒想到，在這險絕陡峭的岩石上，山頂竟然還有水池、建築基座，巨石周遭有庭園、通道和水池，而令人稱奇的是，巨石半山腰處還有千嬌百媚的仙女壁畫。原來它是一座失傳千餘年的五世紀古城。

　　在他之後，兩位英國人在1853年完成登頂的任務，將這個人類文明的重要見證公諸於世；至於著名的壁畫則是在1875年被人無意間以望遠鏡觀看時才發現。

　　　　獅子岩一座平地突起的石山，海拔高度377公尺的古都遺址是由傳說弒親的斯里蘭卡古國王—迦葉波一世所興建。狀似一隻坐伏雄獅的巨岩，突出於熱帶叢林之中，非常耀眼，它以灰漿和磚材砌建的長廊和臺階，是進入錫吉里亞古城的唯一入口。

　　西元1831年，一位英國獵人在斯里蘭卡中部的辛吉利亞叢林裡，發現一塊200公尺高的孤立巨石，但他只有讚嘆旱地拔起高聳岩石的雄偉，震懾於自然的奇蹟，並沒有好奇的登頂一探究竟。如果在那時稍微整理心情，登頂觀看，他將會受到人文奇蹟的二次震撼。因為在這險絕陡峭的岩石上，山頂竟然還有水池、建築基座，巨石周遭有庭園、通道和水池，而令人稱奇的是，巨石半山腰處還有千嬌百媚的仙女壁畫。原來它是一座失傳千餘年的五世紀古城。

　　在他之後，兩位英國人在1853年完成登頂，將這個人類文明的重要見證公諸於世；至於壁畫是在1875年被人無意間以望遠鏡觀看時才發現。猶如它戲劇性的發現過程的，獅子岩的沿革本身也是個傳奇。

　　從西元前三世紀開始，在頂峰興建宮殿之前，這裡原本是僧侶們修道的場所。西元473年，Anuradhapura當時的國王Dhatusena被他的兒子迦斯葉帕(Kasyapa)所殺，迦葉波篡奪王位，原本要繼位的哥哥Moggallana帶著皇后逃往印度，並立下誓言要回來替父親復仇。

　　得到政權的迦葉波便將都城從Anuradhapura遷到獅子岩，並在此據高點營建宮室，興造佛塔。平時用鈴鐺與外界取得聯繫，閒雜人等不得近身。雖然他做了如此嚴密的防備，但還是在西元495年，被Moggallana再度推翻。歷時極短的悲劇王朝，在迦葉波死後，這裡又變回原來的修道場所。

　　我朝入口處走去，一個個的年輕人等在入口處，看到外國觀光客便主動上前帶領參觀。園區實在太大，是需要有個人帶領，於是當身邊出現一位年輕人時，我也不再多說什麼。

　　從入口進入後是一條護城河，護城河內便是水上花園(Water Gardens)。在這花園內有著精雕細琢的游泳池及宮殿，作為乾季時的行宮之用。

　　「迦葉波國王住在天險般的峰頂還是不安心，於是又挖了這道護城河做第二道保護。」我的解說員Sunil 說。

　　宮殿如今只剩下基座供後人憑弔，從佔地廣大的範圍，可以想見這裡以前奴婢成群，宅院宏偉的盛景。游泳池大致保有以前的原貌，只是池子裡的水飄著一層綠色的水藻，國王與后妃的笑語聲都隨著歷史歲月淹沒在這綠荇下了。

水上花園的泳游池

驚險步履獨上青天

站在水上花園看獅子岩，直通峰頂的鐵梯，看起來像是鑲嵌在岩壁上，走在其上的人走走停停，一來因陡峭稍作喘息，二來因腳下履空，勁風颯然，難免生畏懼之心。

等到自己變成梯上人之際，才知驚險，雖然故作鎮定，但面對似乎隨時要把人捲下去的強風，以及不著地的不踏實感，我猜我的臉上一定青白交替。而Sunil穿著拖鞋，三步併做兩步就輕鬆的爬上這些鐵梯。大多數的時候，都是他好整以暇等著我。

著名的Sigiriya壁畫位於半山腰的岩面上，因為處在凹入的岩壁內，可以避免風吹日曬之損，是現存還算完整的壁畫遺跡。雖然是最完整的一處，但畢竟因為年代久遠，還是免不了斑駁掉落。原本整面岩壁上是有著五百多尊的仕女像的。

鐵網將這塊凹壁團團圍住，以防強風將遊客吹落。一個中年人坐在這狹小空間的一張跛腳桌前，攤開一張張的褪色明信片，無精打采的向我們兜售。他的臉上彷彿也因這多風的影響，顯現出風化的痕跡。先人的歷史遺跡並沒有改善他的生活，我不知道他們究竟是如何看待這些遺跡的？也許這些對他們來說，只是有錢有閒的觀光客回家炫耀的工具。

壁畫上的人物都是裸胸女性，尺寸如同真人般大小。人物兩人一組，一人持花，一人托盤，掩映在祥雲中，猶如天女散花。散花女戴寶冠、飾臂釧、珮胸鏈，纖腰盈握，修短合度，服飾薄如蟬翼，有優美的寫實感。以手拈花的姿勢無比典雅，表現出對佛教的極度虔誠。

「這些壁畫上的女性是誰？」

「有人說是朝聖的女信徒，有人說是迦葉波國王的妃姜，也有人說是軍隊中士兵的女眷，沒有一定的說法。」Sunil回答我。

「這些壁畫經過三道手續才完成。」Sunil緊接著跟我說明壁畫是如何畫上去的。

「首先將一層黏土塗上壁面，再以石灰拌沙的黏土做為中層，最後再塗上石灰，利用加入蛋黃的紅、黃、綠三種顏料繪出色彩晦暗的人像，這種畫法叫做tempera。」

1982至1987年期間，獅子岩進行大量的考古挖掘，所挖掘出來的珍貴古物被保存在附近的考古博物館；獅子岩古城目前也已被聯合國教科文組織列入世界歷史遺跡之一，希望能夠向自然爭取時間，將這一千五百年前，人類偉大的工程成就予以長久保留下去。

臨走前再看了一眼中年人臉上的痕跡，我發現保護比不上風化的速度。也許在若干年後，壁畫只能成為絕響。

離開畫有壁畫的山凹，繼續往上走去，沒多久來到一堵三公尺高的牆邊。可別小看這些牆，它經過亮光的處理。在漆上油漆後，用摻了蛋白、蜂蜜、石灰等混合物塗抹表面磨光而成。也有壁畫裝飾其上，經過這裡都可以從牆上看到自己的形象，這就是鏡牆(Mirror Walls)。

突然一個念頭油然而生，連自己都覺得好笑。如果將這些混合物塗抹在愛美女性的臉上，那豈不是晶瑩璀璨？比「晶瑩剔透」效果更上一層樓！

當然如今牆面已非昔日可比擬，甚至還留著我看不懂的「到此一遊」字樣。除了現今遊客的塗鴉外，還有留著七世紀至十一世紀間遊客的刻字。只是那時候的人刻的是細心鏤出對獅子岩的讚美詩，作者包括王公貴族、僧侶及一般遊客，讚美對象包括宮殿、壁畫等主題，從牆上蒐集到的讚美詩總共有六百八十五首。

沒想到不只中國文人墨客喜歡留字題詩，錫蘭人也偏愛此道。

↑從獅子岩上眺望，盡是一片叢林
→岩頂上帝宮殿遺跡

佇立山頭 憑弔當年雄獅神威

攀到半山腰的平台上稍作休息。獅子岩的腳爪巍然出現眼前，從這兒拾階而上，沒多遠便可來到頂峰的空中宮殿。

在岩石北面原來是一座磚砌的巨獅雕像，如今頹敗凋零，只剩下獅爪。岩壁上還可以看到當時砌磚所留下的凹洞基座。獅子面朝北方，因為古代的錫蘭常常受到來自北方南印度王朝的侵略，希望能藉由雄獅神威，保護國土不受侵犯。

宮殿高處不勝寒，如今只存建築基座可供憑弔，幾縷芳草自階梯縫間生長出來，為死寂添上些許生命的訊息。從頂峰往四周鳥瞰，盡是滿眼充滿綠意的叢林，廣大的土地延伸開來，真有萬人之上之感。還有個泳池在這頂峰，旁邊有一大理石的平台，Kasyapa國王就在這兒一邊觀賞歌舞，臨池沐浴，一邊照看著這用盡心機，篡奪而來的王國。不知Kasyapa國王心中作何感受？是慶幸當年篡位之舉，如今才有此等享受；抑或是後悔當初所為，只能坐困在這天上宮闕，不知今夕是何年？

　　一位父親帶著女兒也登上了岩頂。父親拿出相機，在請Sunil拍照的時候，也替我拍了一張。

　　如同我對斯里蘭卡人的興趣，他大概也對我感到興趣吧！

　　「下山有兩條路，一條只要十秒鐘，另一條得花半個小時！你要走哪一條？」

　　要下山時，Sunil正經八百的跟我說。

　　「十秒鐘？」在受到剛才種種古代王朝建築的震撼後，我以為這又是什麼古代人挖掘的秘密通道。在看到獅子岩後，我已不敢低估古錫蘭人的智慧與能耐。

　　「是的，從這裡下去只要十秒鐘。」他指著邊緣的懸崖。

　　「那我想我還是走半個小時好了！」我們相視大笑。

　　下山之後向獅子岩望最後一眼，離開了Sigiriya。Kasyapa國王是否也曾經有機會在生前看他一手建立的獅子岩最後一眼呢？

偉大的文明交匯點

加德滿都

時　　間：西元前七至八世紀
空　　間：斯里蘭卡中部
登錄時間：1979年登錄文化遺產
符合條件：文化遺產標準 (iii) (iv) (vi)

Kathmandu Valley

加德滿都對尼泊爾人來說有兩層含義：一是城市的名稱，也是豢養著七十幾萬人口的的首都；另一是地理上的名稱，加德滿都谷地平均高度1300多公尺，東西長25公里，南北寬20公里，谷地中又有許多的城市與村鎮，包括了加德滿都、帕坦、巴克坦布等著名的城市，以尼瓦族(Newar)聚落最多。

　　到加德滿都時已近午夜時分。在這個燈光並不多的城市中，我只能從顛簸中藉由微弱的車燈照射，拼湊出對這個城市的第一印象。

　　因空氣污染，加上谷地地形影響，冬日的加德滿都始終都是籠罩在灰濛濛的影子裡，看似像影又像真，就像這個王國在世人的印象中，帶有古老又神秘的色彩。

宗教是心靈上的慰藉

第二天清晨大霧，視線所及有限。走出旅館，一股冷氣迎面而來，在太陽尚未照耀谷地時，城市也尚未恢復它的體溫。街上來往的人們像是一個個隱形人，前一刻尚未瞧見，但倏地就從地底冒出來似的神出鬼沒。

市區道路並不好走，不是崎嶇不平，便是狹窄擁擠，唯一一條寬大的是環城道路。似乎無論什麼時候，都可以看見許多人無所事事的在路上閒逛著。清晨的城市，是一天中最冷的時候，早起出門的婦女們用披肩包裹著頭部不停呀氣取暖；許多衣衫襤褸的遊民聚集在小空地上，撿拾棄置一旁的垃圾升火取暖，他們伸出那雙沾滿黑污凍僵的手，試圖在冷空氣中尋得一絲溫暖空間，隨著吐露詭異藍色光焰的火舌佔據冷空氣的地盤，黑煙裊裊上升，空氣中瀰漫著塑膠燃燒的惡臭，對他們來說，溫暖是他們唯一考慮的感覺，至於那些現代文明的禍害，暫且不去考慮它了。只要陽光出現，代表又一個難熬的夜過去了。

加德滿都谷地位在偉大的亞洲文明交匯點，共有七座印度教和佛教的寺廟遺蹟，和三處位在加德滿都谷地。此外，帕坦(Patan)和巴克坦布(Bhaktapur)的王室宮殿及住宅區等，這些歷史遺址都是尼泊爾藝術的最高表現。

↑清晨朦朧未醒的加德滿都谷地
←博拿佛塔前賣酥油燈的小販

　　迂迴的巷子中，常會不經意的出現印度教小廟，當地人在外出時都會先到廟裡祈禱一番。宗教在這個國家扮演著無可取代的力量，超過百分之九十的人是印度教和佛教的忠實信徒，事實上，宗教也左右著人們日常生活作息。

　　祈禱者端著黃銅作的托盤，裝著米、香粉和橘黃色的花瓣，灑在神像上，表示對神的敬意。許多神像被信徒們長期撫摸，石造的形體早就已經無法從外表辨識到底是何許神也，但這絲毫不影響他們祭拜時的專注與虔誠，因為神的形體與象徵早已進入他們的心靈深處，這先人流傳下來的儀式，只是讓他們能夠和神交談，取得今世心靈上的慰藉，和來世幸福的保證。神像上也因為被信徒抹上蒂卡(tika)香粉的關係，呈現黃紅交錯的色彩，就像黎明前天空雲彩的顏色。

自傳說誕生的加德滿都

在佛教神話傳說裡，加德滿都谷地在古代原本是一泓湛藍色的湖泊。在湖面綻放著一朵光芒萬丈，象徵佛陀聖蹟的金色蓮花。由中國長途跋涉前來親覽蓮花的文殊菩薩，為了能更接近這朵蓮花，用隨身攜帶的利劍劈開了谷地西邊的山壁，讓湖水流光。

不過印度教徒也有屬於他們自己的傳說，他們認為今日的谷地是印度教神祇克里須納(Krishna)以雷電擊開谷地而造成。不論傳說何者為真，在加德滿都谷地西邊邊緣的喬巴(Chobar)峽谷確實可以看到這樣的痕跡。

其實，谷地原本是座大湖，在谷地周邊的山地發現的水漬痕跡與生物化石，足以佐證其真實性。但我還是喜歡聽傳說，它讓我增加天馬行空的可能性，科學研究總剝奪了想像空間。

史瓦揚布拿佛塔旁的小佛龕

佛塔如佛陀隨時照看人間

文殊菩薩在蓮花原來生長地蓋了一座佛寺，便是今日的史瓦揚布拿(Swayambhunath)佛塔，至今已有二千五百多年的歷史，與博拿佛塔（Bodnath）、帕蘇帕提拿寺(Pashupatinath)，並稱加德滿都谷地的三大佛寺。覆缽型的佛塔四面都繪有佛陀眼睛，象徵佛法無邊，佛陀隨時照看人間。佛眼中間有個看似問號的符號，乍看之下頗像佛陀的鼻子，其實那是尼泊爾數字的「1」(ek)，象徵和諧一體。

離開史瓦揚布拿佛塔，順時鐘沿著環城公路來到位於城東的博拿佛塔，這裡是藏傳佛教重鎮。中共入侵西藏後，許多藏人紛紛越過喜馬拉雅山，來到尼泊爾尋求庇護，每年二月西藏新年期間，都有喇嘛在此舉行隆重儀式。

博拿佛塔興建年代已不可考，而據說佛塔興建與一位婦人有關。在戰亂年代中，婦人的丈夫不幸戰死，為了追悼死去的亡魂，婦人懇求當時國王給予她一張牛皮大小的地，作為建寺紀念之用，國王不假思索便答應了。只是沒想到婦人將牛皮剪成一條長長的繩子，圍出了一塊比原來牛皮大上許多倍的土地，這就是今天博拿佛塔的由來。

谷地旁清晨觀賞
喜馬拉雅山的日出

　　信徒們手拿著象徵智慧與光明的
油燈，口中喃喃有詞，祈求神明祝福。
圍牆上鑲有許多法輪，順時鐘方向繞行
撥轉法輪，具有消災祈福的意思。

　　離博拿佛塔不遠的帕蘇帕提拿寺
(Pashupatinath)，是亞洲地區四大濕婆
神朝聖重地之一。有人說：尼泊爾廟宇
比住家多，神祇比人民多，這句話可一
點都不誇張。在多神崇拜，神祇多到搞
不清楚到底誰是誰的印度教信仰中，大
梵天(Brahma)、毘濕奴(Vishnu)、濕
婆(Shiva)是最重要的三個神祇，分別
職司創造、保護及破壞之責，每個都有
著千變萬化的象徵與形象。濕婆神雖然
掌管破壞，但印度教徒並不認為破壞本
身只代表了毀滅，反而相信毀滅是重生
的開始。正因為如此，帕蘇帕提拿寺成
為尼泊爾人生命終結的聖地。

帕蘇帕提拿寺前的巴格馬提河是印度教徒死亡的聖所

以火葬儀式解脫今生

知道自己即將面對一幕幕
死亡景象，腳步與心情不免沈
重起來。蜿蜒流過的巴格馬提河(Bagmati River)，河道並不寬
廣，水也不深，但卻已載運了許多靈魂，通往他們心中的涅盤。河
邊一座座平台，正是尼泊爾人死後火葬的場所。不似印象中喪禮的
哀傷，從家屬臉上，嗅不出太多難過的味道，也許在印度教階級制
度分明的種姓制度裡，他們真的相信死亡毀滅反而是今生苦難的解
脫及再生的契機吧！

縷縷輕煙中，人間恩怨盡付塵土

　　堆高的柴火上，白煙隨著偶爾竄出的紅色烈焰裊裊升起，生命殞落是人生到頭來必經的歷程。如果說已經知道人生就是如此，因此而消極看待人生，那倒也不必，人活著一遭不求功不求名，只求得當火燃起時，過程能夠精彩，心中了無牽掛，那也就夠了。

　　火葬儀式完成後，所有灰燼都推至河中，不留下任何形體在世間。因此巴格馬提河永遠顯得黑濁難以清澈。不遠的地方依舊有人用河水洗滌衣物、淨身，對他們而言，並不會因為裡面成分有所不同而改變他們對河水的用途。

　　寺內不准非印度教徒進入的，許多觀光客都聚集在河對岸攝取鏡頭，一字排開，反而自成一景。追求個人潛修的印度教苦行僧，也聚集在這個尼泊爾最大的濕婆神殿，他們多半瘦骨嶙峋，以獨特方式生活在這個被他們拋棄的世界上，每位修行者都有著一連串不同的棄世理由，但都相同的以一種近乎流浪的方式領悟人生意義。

　　舍利塔邊偎著兩個身上塗滿白粉，頭髮近似麻繩粗糙的苦行僧，一見到觀光客走過，立刻就表現出高難度的瑜珈姿勢。苦行僧可以藉由瑜珈的固定姿勢和高難度動作，淬鍊心靈到一種形而上的修行最高境界。除了展現修行成果外，更希望得到觀光客的青睞，讓你拍照付錢。

　　見到這一幕，心中五味雜陳，這些忍受一切外在環境肉體折磨的苦行僧，依舊擺脫不了生活實踐中的世俗施捨，更遑論汲汲名利的一般人呢？

以血祭表達祭祀誠意

　　在星期六早晨前往位於谷地西南隅的達克辛凱莉(Dakshin Kali)神廟，這裡以血祭而著名。達克辛凱莉女神是濕婆神(shiva)的妻子，生性嗜血。所以每逢星期二與星期六，大批善男信女就會帶著雄性的牲畜前來，用鮮血來祭祀達克辛凱莉女神，星期六的規模更甚於星期二。據說在每年十月間的達善節(Dasain)期間，宰殺的牲畜更是以上萬頭計算。

　　這樣血腥的畫面，也許在外人看來，實在是令人訝異且不解的儀式，但對印度教徒來說，這並不是殘忍的表現，因為除了可以得女神歡心，表達祭祀誠意之外，他們更認為這是幫牲畜早日解脫，以期投胎轉世，是做善事。

　　主廟範圍同樣只對印度教徒開放，我只能讓視線迂迴在擁擠的人潮中，找出一絲空際，觀看儀式進行。信徒們用盤子裝著米與鮮花，爭先恐後往神像前擠，只為摸到神像，好讓神祇與自己達成心靈上的溝通，米粒像雨般一陣一陣被灑下。另一邊，索命的屠夫正不間斷地從信徒手中接過一隻又一隻雞、牛與羊，只見他熟練揮舞著手中的彎刀，對準喉管抹下去，牲畜頭身分離，就此升天，因反射抽動的軀體，是在人世間最後的告別。

　　噴出的鮮血灑滿白瓷地面，也沾濺屠夫身上的白色襯衫，信徒付給屠夫的鈔票上，更是沾染著鮮血。一個不注意，一隻剛斷氣的無頭羊被兩個人抬著，從我身邊經過，人潮的擁擠使我無處可躲。也許生命的誕生或逝去，本來就是必經的過程，一樣讓人無處可躲。一個瞎眼老人，羸弱坐在角落污穢的地上，彈著那矮小破舊的手風琴，重覆吟唱著我聽不懂的歌曲，那聲音低沉蒼涼，似乎唱出在這邊上演的生命輓歌。

　　宰殺後的牲畜，人們將其帶回家分食，或者就在廟後的空地上直接煮食起來。那是信徒們野餐的地方，大型擴音器裡播著輕快的流行歌曲，人們就坐在草地上埋鍋煮食、野餐，也有小朋友在打羽毛球，這裡看不到剛剛的沉重氣氛，呈現的反而是截然不同的歡樂氣氛。對我而言，不僅視覺顯得突兀，心情上的轉換更是非常困難的。

加德滿都最熱鬧的塔美爾區

再回到加德滿都的塔美爾區，這裡是加德滿都最熱鬧的地區，和剛剛的環境有著天壤之別。這裡有著數不清的旅館、旅行社、工藝品特產店，以及各式各樣餐館。想吃什麼，幾乎在這裡都找的到，舉凡日本料理、泰國菜、剛出爐的麵包、西餐，甚至在這以印度教為主的國度中，想吃塊牛排都可以，而且樣樣便宜又大碗。

傳統尼泊爾人是用手抓飯，他們會將米飯、燉馬鈴薯、咖哩及配菜盛在黃銅盤子裡，吃的時候全部攪拌在一起，再用手「作」出一口飯，抓起來用大拇指推進口中，很像小時候玩泥巴的感覺。用手抓飯時只准用右手，因為他們認為左手是擦屁股的，是不清潔的，只是我一直納悶，我好像從來沒有用左手擦過屁股。

也許尼泊爾缺少了相較於先進國家的進步與文明，但正因為尼泊爾保留了人類對於心靈與自然的一畝淨土，所以每年總吸引無數想要獲得身心安寧的觀光客前來。細細咀嚼，光一個加德滿都谷地就可以擁有豐富的體驗與文化衝擊。

希臘明珠 西方古典建築藝術的精華之作

雅典衛城

時　　間：西元前五世紀
空　　間：雅典城南的小山頂
登錄時間：1986年登錄文化遺產
符合條件：文文化遺產標準 (ii) (iv) (vi)

Akropolis

自從開始出國自助旅行之後，旅行就變成了生活中信仰的宗教，以往只能看電視介紹世界的風土民情，但總是有隔靴搔癢的感覺，唯有透過自助旅行，才能實現和體驗心中唯一信仰的宗教教義。

說旅遊是一種宗教信仰一點也不為過，它和宗教有著相同特質，一樣是要入世去實踐的，而非空口白話。世界上的各個地方都是心中的聖城，讓人沉浸在異國的情懷，帶點吉普賽人流浪的氣氛與胸懷，說是浪漫也罷，說是不切實際也好，旅行本身的基本價值不就是一種自我的精神滿足嗎？

詩人傳神的比擬

於是某年夏天，我又再度背上背包，往迷人帶有流浪氣息的希臘飛去。

著名的詩人余光中曾經寫到：「今夜的天空很希臘。」初讀到詩句時令人不禁好奇，希臘究竟具有什麼樣的魅力，竟然會使得詩人拋棄原本名詞的使用，轉而拿來作為形容詞描述之途。

這樣的疑問始終存在我的腦海中。直到我親自來到這個位於地中海的國家，才算能完完全全了解詩人寫詩時的心境與意境。希臘的天空藍的一塵不染，絲毫沒有一丁點兒的雜質，而且這些藍色並不是單一存在的，從地平線到天頂，由粉藍、天藍自淺至深到琉璃藍，有時又夾雜著些許淡淡的紫色，不但不搶風采，反而更增添了夢幻的色彩。面對這樣的美景，怪不得詩人要寫出如此的詩句來讚嘆了！

人們來到希臘，總是以首都雅典作為旅程的出發點，不管你的旅行計畫是打算造訪愛琴海上的任何一個島嶼，這裡絕對是百分之九十九觀光客乘船啟航的地方，雅典的外港比瑞埃斯港（Piraeus），每天都可以見到許多背著背包的觀光客，在此展開他們的愛琴海跳島旅行，繁忙的景象不輸任何一座國際機場。

藉觀光焦點重整現光彩

在都市發展下，一個國家的首都，就像是塊強力磁鐵，將全國各地的人們吸引而來，雅典也面臨到同樣的情形。十九世紀初，雅典還是個充滿神話靈性的小城，但如今雅典聚集了五百萬人，涵蓋了全希臘百分之四十的人口。擁擠所帶來的交通及污染問題，使雅典失去昔日光彩，希臘人甚至謔稱雅典為「nefos」，意思是希臘的烏雲。但在政府整建下，烏雲逐漸轉晴，許多車水馬龍的街道被改為徒步區，如今來到雅典，呈現出原本的迷人風情。

←身著傳統服飾的老人，十分樂意讓我們拍照
↓穿傳統東正教服的修士，手上卻拿著現代的可樂

　　來到雅典市中心商業區的辛塔格瑪廣場，絕大部分造訪雅典的觀光客都會以這裡作為遊覽城市的起點，除了交通方便，距離各景點都相當適中的原因外，廣場不時可以見到成群的鴿子漫步，建造在廣場中央的噴泉，令人清涼，更讓人有著百分之百身處歐洲的感覺。廣場後方的黃色建築物即是國會大廈，每個整點都會有穿著傳統紅帽白裙服飾的衛兵進行交接，吸引許多觀光客駐足圍觀；廣場前方的Ermou大道，則是聚集了許多精品店及百貨公司，是喜歡逛街購物者的天堂。有人說：「不管你搭上任何一班車，都可以來到辛塔格瑪廣場。」可以看出它在這座城市無可取代的重要地位，就像心臟之於人體一樣。

　　往布拉卡區(Plaka)走去，這裡如今是觀光客來到雅典的最愛。在這裡，舉凡觀光客的任何需求，都可以獲得滿足，那怕迷路都是嶄新發現的開始。而世界上的大城市，都有屬於代表城市精神和文化獨一無二的象徵。紐約有自由女神；巴黎有艾菲爾鐵塔，在布拉卡區沿著指標，很容易便可以找到最能代表雅典精神衛城的蹤跡。Acropolis原意是「高處的城邦」，當你親眼目睹，馬上就可以瞭解字義的含意。

古典希臘建築的成就

被聯合國列為世界遺產，建於西元前五世紀的衛城，位於雅典一座約70公尺小山頂的台地上，總體佈局順應地勢安排，居高臨下。羅馬帝國時代，它成了基督教堂，土耳其佔領時期，它又成了清真寺，在十七世紀威尼斯軍和土耳其軍的戰爭中，它又成了土耳其軍的火藥庫。

衛城建築集中，反映了古希臘建築的成就，是世界建築史和藝術史上的珍品。建築總負責人是雕刻家菲迪亞斯。衛城建築雖歷經破壞，但留下的遺跡仍有很多可供後世建築借鑒之處。

不論是已成為西方列柱建築代表的帕德嫩神殿(Parthnon)、伊瑞克提翁神殿(Erechtheion)、戴奧尼索斯(Dionysos)及阿提庫司(Atticus)劇場等，雖歷經破壞與風化，但留下的斷柱殘垣都能使人對古希臘人的生活有多一層認識與想像，更讓人讚嘆先人的智慧。

在希臘神話裡，雅典這座城市是屬於戰神雅典娜(Athina)的，城市也因此而得名，事實上，希臘人至今還是習慣稱雅典為「雅典娜」。傳說中，雅典娜是穿著盔甲從宙斯腦袋中跳出來，她是都市女神，也是文明生活和工藝的保護者。作為一個代表都會的象徵，的確讓城市注入了真實與虛幻交錯的生命力。

　　著名的帕德嫩神殿便是供奉雅典娜女神的，當年所供奉的雅典娜神像，是由希臘最偉大的雕塑家菲迪亞斯所設計，高12公尺，由象牙及黃金打造，後來卻被運到君士坦丁堡而下落不明。整座神殿是用皎白堅硬的大理石所建成，雖是笨重的石材，但是卻又不讓人覺得沉重。

　　神殿所有的巨大石柱都是向內傾斜，而非互相平行，因而使得神廟看來穩重而鞏固。如果都平行，會讓人產生它們都向外彎的錯覺。另外，古代的建築師經過測量發現，建築的地基如果完全水平，也會使人產生扭曲的感覺，因此神殿的地基是中間最高，沿著和緩的曲線向四週低伸。巨大的廊柱吸引所有人的目光，不管在哪一個角度眺望，帕德嫩神殿都呈現和諧完美的型態。

　　而建築本體上的許多雕飾，在十七到十九世紀的歐洲考古收藏熱潮中，被英、法、德國人陸續搬走。上焉者作為公共館藏，下焉者充實私人府庫。如今尚有保存在衛城博物館內的，值得前往一看。

　　在帕德嫩神廟的北面，供奉傳說中的雅典人始祖伊瑞克提翁，建於西元前421至前405年，主體分為東西兩部分。南面突出一個小型柱廊，用六根人型少女列柱雕像代替柱子，其中之一目前在大英博物館內，而其他的五根則都是仿造品，因希臘嚴重的空氣污染，長期暴露會危害到真品，因此不得不將其移往博物館內保存。伊瑞克提翁廟在體型、色調、柱式等方面與帕提農神廟形成對比，雖處於配角地位，但單獨來看，依舊頗具風采。

勝利女神廟的柱子
都以女神代替傳統的柱子

　　英國館藏的古希臘文物的歸還問題一直是英希兩國關係的癥結所在。希臘一直要求英國歸還所謂的「埃爾金雕刻品」，即由英國十九世紀早期駐奧斯曼帝國大使埃爾金勛爵從希臘衛城帶回英國的一批大理石雕像和浮雕。

　　這樣的情況在世界各處，都有遺產上演同樣的情節─漂流異鄉。

衛城經歷不同的政權，遭遇不同程度的損毀

特殊的柱式建築風格

希臘早期的建築，是用木頭構架的，容易腐朽和失火。但從西元前七世紀起，已經開始使用陶器來保護木構架，到公元前七世紀之末，除了屋架之外，已經全用石材建造了。石造大型廟宇在構件形式、比例和相互組合上，發展到西元前六世紀時，已相當穩定，有了成套的做法，這套做法被羅馬人稱為「柱式」－order。

衛城的柱式分三種：一種是小亞細亞共和城邦的愛奧尼亞式（Ionian），一種是義大利、西西里一帶寡頭制城邦的多立克式（Doric），另一種是出現最晚的科林斯式（Corinthian）。愛奧尼亞式比較秀美華麗，比例輕快，反映著從事手工業和商業的平民們的藝術趣味。柱頂或柱首部份之兩端，有捲渦狀紋飾。柱深或柱幹較細而修長，鑿挖的長形凹槽也較密集，位於衛城內的伊瑞克提翁廟的石柱，即為此一類型。多立克柱式粗笨，有古埃及建築的影響，反映著寡頭貴族的藝術趣味，帕德嫩神廟是代表。而科林斯式有柱礎或柱基，柱頂或柱首部份有羊齒類花草集結狀之裝飾，位於雅典的宙斯神殿之石柱即屬此一形式。

　　造訪衛城最佳時間為傍晚時分，這時比較沒有熾烈的陽光，也可在衛城上欣賞日落和雅典市區的滿城燈火。而衛城山腳邊的阿提庫司古劇場經過整修後，每在夏季，總會舉辦一系列的音樂季活動，讓古希臘的盛況再現。半圓形的劇場音效極佳，在舞台中央丟一枚銅板，最上層的觀眾一樣聽得一清二楚。金黃色的燈光照亮古老的舞台石壁，皎潔的明月莊嚴地從神殿後方升起，照亮千年如一日的雅典古城，不禁令人感到肅穆。

　　我不禁在舞台中央放聲高歌，不只是為了測試古代劇場的音響效果，更抒發對這人類文明無盡的讚嘆。

　　參觀完衛城後的那個下午，走到位於山腳下的人家，三個女子坐在自家門前，隨意開起午後饗宴。雖然是隨意，卻也不隨便，桌上煞有其事的鋪著桌巾，花瓶裡插著路邊摘來的小花，可以看出她們已經將生活美學落實在日常生活中，那怕是這樣一個小型午後的聚會也不例外。她們熱情的邀請我們一同加入，意外的成為她們的座上客。只見她們不停地端出自家釀的葡萄美酒、自製甜點與沙拉，在那裡有了最愉快的一個午後；克里特島山中的小鎮裡，喝咖啡的老人邀請我們坐下一同品嚐，雖然語言無法溝通，但濃郁的咖啡香卻傳遞了彼此間第一次面對的快樂與新奇。至此，我大概知道希臘料理的美味來自於何處了！

↑家門口自娛的午後饗宴
←阿提庫斯劇場
在夏日都會舉辦藝文表演

化解仇恨、榮譽至上 高貴的精神

奧林匹亞

時　　間：	西元前五世紀
空　　間：	歐洲南岸
登錄時間：	1986年登錄文化遺產
符合條件：	文化遺產標準 (ii) (iv) (vi)

Olympia

奧運重回雅典，只消在街頭早就已經可以感受到奧運即的氣氛，倒不是見到傳統的宣傳旗幟飄揚，而是在雅典最熱鬧的布拉卡區市集裡，三不五時就能看到奧運商品的專賣店。

　　我走進其中一家，年輕老闆正醉心於電視機前足球賽的激烈戰況，見我進來，叫我自己先看看喜歡什麼，然後繼續盯著螢幕，為他支持的球隊加油。體育活動也能讓人如此如痴如狂。

奧運商品化已呈風潮

店中的商品從Ｔ恤、帽子、毛巾、馬克杯到鑰匙圈，應有盡有，而且後來我才知道，這些不只在雅典一地，全希臘各地都有相同的商店，可以買到同樣的商品。難怪有人說，奧運已經脫離原本的初衷，朝向大型商品展示會的方向發展，連參與競技的運動員，身著廠商贊助的運動服飾及配件，儼然也成為商品的一環。

我有點不好意思的打斷老闆，這些商品是否能給貧窮的自助旅行者打個折扣。「沒有辦法！」他向我解釋，原來只要印上奧運標誌的所有商品都有註冊商標，且均獲得當局認證，價格統一，沒有任何折扣。如果商家一時心軟被當局查到，店家可是得被收回販賣權利的。因此不需要比價，喜歡就可以出手。換個角度來看，其實這樣也好，因為有的時候早已厭倦在第三世界國家和店家殺來殺去的價格戰，但是卻似乎又少了點講價時的樂趣，這真是旅行者面臨的兩難問題啊！

所有的商品除了熟悉的奧運五環標誌外，不可或缺的圖案當然就是象徵此屆奧運的吉祥物了。2004年雅典奧運會吉祥物是一對看來形狀奇特的玩偶，看似不起眼，但它們可是大有來頭的。創意構想是來自目前陳列在雅典國立考古博物館(National Archaeological Museum)的古希臘陶土雕塑玩偶「達伊達拉」為原型設計的。「達伊達拉」製作於公元前七世紀，據說是世界上最古老的鐘狀陶制玩具娃娃，腿與身軀之間有繩索相連，使腿可以擺動。吉祥物為一對兄妹，女生是希臘神話中，象徵智慧的的雅典城市守護神雅典娜；男生則是象徵光明的費沃斯，也是一般人較熟悉的太陽神阿波羅。

除了買商品作為紀念，來到這個人類文明史上最大運動集會起始的發源國，自然不能錯過一訪奧林匹亞聖地的機會。其實希臘除了是古代奧林匹亞運動會的發源地外，我們現今所熟悉的現代奧運會，第一屆也是在希臘舉辦，乃是於1896年在法國人古伯汀的鼓吹下，在睽違一千五百多年後，重新在希臘雅典舉行。

　　舉辦第一屆現代奧運的體育場，位於雅典市中心，是座以白色大理石為主體的建築，在希臘八月熾烈的陽光照耀下顯得晶瑩無暇，外觀看來比現代任何一座場館都來得小許多，但已足夠當時僅有二百四十五名運動員參加的規模。這裡原本是古羅馬帝國時期的競技場舊址，也曾經有許多激烈的纏鬥在此上演。如今運動場雖已不作競賽用途，但似乎仍能聽到當年激烈競賽時的歡呼及喝采。運動場的一角，以希臘文刻著自1896年來歷屆奧運的主辦國，相當具有意義，也是奧運溯源之旅不可錯過的一站。

　　自十八世紀始，一批批的學者來到奧林匹亞考察和尋找古代奧運會遺址。1766年，英國人錢德勒（C.Chandler）首次發現了宙斯神廟的遺址。此後，經大批各國的考古學家、歷史學家們對遺址進行大規模的發掘，至1881年取得了大量有關古代奧運會的珍貴文物和史料。1936年第十一屆奧運會後，因有部分餘款，國際奧會決定用這筆款項繼續對奧林匹亞遺址進行發掘，發現並復原了體育場。

古奧運所在伯羅奔尼撒半島

而真正古代奧運所進行的場地位在伯羅奔尼撒半島,已是被聯合國教科文組織認定的世界遺產之一,我打算從雅典搭火車前往奧林匹亞遺址所在的伯羅奔尼撒半島。

雅典的火車站有兩座,比鄰而對的兩個車站,一個是往北部列車的起點,另一個就是往伯羅奔尼撒半島的起點。為什麼要大費周章的蓋兩座車站,而不採用一站共構的方式呢?其實這是因為往北方的鐵路是寬軌系統,可以和歐洲各國的火車接軌;而通往伯羅奔尼撒半島的是窄軌。火車站旁是開往阿爾巴尼亞的長途巴士站,站裡只有零零落落的幾個人,躺在椅子上等待還有頗長一段時間才開的巴士。

　　開往伯羅奔尼撒半島的火車並不長，只有三節車廂，但依舊還有空位。在我的計劃裡，原本打算到科林斯租車前往奧林匹亞遺址，但沒想到剛好碰到星期天，所有的商店全都關門休息，連租車店也不例外。希臘雖然是個觀光大國，照理說只要有觀光客生意可做，應該是全年無休提供服務的，但這真的是我們一廂情願的想法。希臘人相當重視休閒生活，平常日的午休時間一到，店門也是緊閉，絕不會因為想要多做點生意，而延長營業時間。遇到星期天更是重要的休假日，全家大小寧願到沙灘上曬上一整天的太陽，也不願留在店裡等待不知何時會上門的顧客。因此，只要碰到假日，市中心反而冷冷清清，突然變得像是座空無一人的死城，而海灘則是另一種光景，出租的躺椅幾乎座無虛席，擠滿了渡假的人潮。

　　於是我改變計劃，搭上並沒有在星期天休息的巴士，先前往那普良(Nafplio)住一晚，第二天一早再租車前往奧林匹亞遺址。

　　在希臘租車並不困難，而且非常方便。這裡有著各種不同樣式的車款，從大型到小型，從手排到自排，應有盡有，而且價錢隨著款式不同也會有所差異。就像我現在馳騁在公路上的韓國現代1.3手排車，一天只要約台幣1000元就可以租到，相當划算。

園區內傾倒的石柱
訴說歷史上物換星移般的變化

開車時除了欣賞沿路的城鄉與自然風景，聽著收音機播送那完全聽不懂的希臘語廣播與音樂外，更大的樂趣是觀察當地的加油站。原來希臘的加油站每一家的油價都不同，而每家也都會將當天的油價高高的掛起，遠遠的就讓駕駛人看到。只要經過比價，挑選到最便宜的加油站，我們就可以樂上好久，雖然實際上價差可能不到幾十塊新台幣。

奧運精神的象徵
奧林匹亞小鎮

從那普良到奧林匹亞遺址,我們就一路停停走走,開了近6小時才到。這就是希臘,地圖上的直線距離看起來很近,但真正開起車來往往會讓人錯估形勢,因為山地丘陵遍佈,反而沒有想像中的那麼快。

不算大的奧林匹亞小鎮,卻是五臟俱全,旅遊中心、商店、銀行應有盡有,當然整座小鎮的重心還是圍繞在奧林匹亞遺址的焦點上,這個如今象徵人類崇高體育精神的聖地,已成希臘著名的旅遊景區。

早在西元前776年,希臘各城邦就已經開始在這裡舉行競技。原本的規模僅限於伯羅奔尼薩半島上的Eleians城邦,為了榮耀天神宙斯而舉辦,但不到一百年的時間裡,便吸引了全希臘的城邦參與。當時希臘各城邦不管正在進行甚麼戰爭,到運動會期間一定要停止,否則會遭到其他城邦聯合制裁,它所標榜的奧林匹亞精神,強調化解仇恨和榮譽至上,一直影響至今,和現代各國動不動就拿奧運參賽權作為國際政治籌碼威脅的舉動相比,實在有著天壤之別。

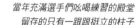
當年充滿選手們吆喝練習的殿堂
留存的只有一跟跟挺立的柱子

遺跡中想像當年選手們穿梭其間彼此以運動競技

　　二千多年前體育最高競技殿堂的奧林匹亞遺址，依舊保留了當時的宙斯神殿、運動村、神殿、摔角學校及運動場等建築。而最引人注目的建築，應該要算是天后赫拉的神殿了。現代奧運會點燃聖火的儀式，就是在赫拉神殿前廣場，由穿著古代服裝的女性，以傳統陽光聚焦方式點燃。運動場至今仍保持原貌，入口有石砌長廊，觀?看臺依山而建，可容納四萬人，運動場內東西兩端各有一條由石灰岩砌成的明顯起跑線。

　　每四年舉行一次的競技，在八月的第一個滿月日展開，第一天通常是祭祀天神宙斯的盛典，第二天才真正開始進行競賽，而最後一天則是讓優秀選手在城內遊行，接受眾人的歡呼。

　　當時的競技項目不多,包括跳遠、鐵餅、標槍、賽跑、角力等項目,而且只有男性才能參加,而獎品則是橄欖枝編成的桂冠,光是這點,又讓現今充滿銅臭味的奧運會更加相形失色。雖然贏得比賽並沒有獎金,但當戴上象徵榮耀的桂冠後,不僅會被立雕像在奧林匹亞聖地裡,也會有詩人歌詠他們,更能光榮返鄉接受英雄式的歡迎。而這些優勝者的雕像大都連同建築上的雕刻,一同被保存在附近的奧林匹亞競賽博物館中供人瞻仰。

　　在西元393年羅馬帝國皇帝索多西歐斯(Theodosios)一世下令禁止這個強調人類力與美展現的競技大會之前,古代奧運會總共舉辦了二百九十三屆。站在寬廣的古運動場上,起跑線高高突起,每個遊客來到這裡,免不了總會在此跑上一段,就好像想像自己是競技場上迎風奔馳的選手,正接受著兩邊看台上群眾的加油歡呼。當時的心情可以透過身在遺跡的氛圍模擬一二,只不過我敢確定,有一點絕對不同,因為根據記載,當年參加比賽運動員都是全裸上陣,這可不是每個跑在競技場中的人都能夠學得來的。

沉睡於德爾菲山中的神殿
悠悠傳達出神的意旨

德爾菲

時　　間：西元1631年
空　　間：歐洲希臘南部
登錄時間：1986年登錄文化遺產
符合條件：文化遺產標準 (i) (ii) (iii)

Delphi

我們剛從島嶼飛回了似乎睽違已久的雅典。其實算算時間，我們應該早就回來了，只不過人算不如天算，碰巧遇到幾乎每年都會發生的大罷工，飛機、交通船的駕駛全部停工走上街頭爭取自己的權益，因為在即將到來的旅遊旺季前來這麼一招，才能發揮最大的功效。我們被困在克里特島一個星期，除了每天詢問罷工最新狀況外，其他能作的事就是把握時間，玩了個全島走透透。

　　最後，飛機搶先在交通船前開航，雖然破壞了我們原本想搭夜船，體驗睡在船上的計劃，但好歹能夠完成我們接下來預計的行程，於是我們就「飛」回來了。

　　接下來的行程要前往希臘中部地方，我們打算繼續開車一路遊覽。在布拉卡區要找間租車店不算太難，這裡旅行社與租車店繁多，困難的反而是要考慮怎麼去挑選。希臘租車相當方便，而且從手排車到自排車，迷你小車到敞篷車應有盡有，要租哪種車取決於你的口袋是否麥克麥克。

山城德爾菲精緻小巧
卻藏有古希臘寶藏

「你們的行程要怎麼走？」我們最後選擇的這家租車店，外表看來非常和藹可親的老闆娘這樣問我。

這倒是在希臘租車第一次被問到行程規劃的狀況，雖然有些訝異但也沒有什麼好隱瞞的，跟她一五一十的說了。

「德爾菲(Delphi)，你們要去德爾菲，那是個好地方。」聽到我們的目的地是德爾菲，老闆娘抓住我的手，神情顯得有點興奮。

她站了起來，從抽屜中取出一張地圖，「你除了去德爾菲，靠近那裡的附近還有一間十世紀的古老修道院，你一定不能錯過！」她的臉上露出期待的表情。

這間修道院就像是天上掉下來的禮物，因為在我原本的行程中根本沒有它的存在。我向老闆娘問清楚了修道院的名字與位置，打算聽從這位熱切老闆娘的建議，臨時把它納入我的旅行收集簿中。最後也真的按圖索驥找到這座修道院，這是後話，只是在此給旅行者一個忠告，多利用這些當地人提供的資訊，會讓你的旅程更加多采多姿，當然也得冒點純粹自吹自擂的風險。

告別了這位怪怪卻熱情的老闆娘，我們便往德爾菲開去。

古希臘傳說 世界的中心

德爾菲是希臘古城，位於科林斯灣北岸的帕爾納蘇斯山南麓，它之所以如此受到這位老闆娘強力推薦的原因，乃是因為這裡是古希臘時期供奉太陽神阿波羅的聖地，在希臘人的心中，這裡是全世界的中心，享有極為崇高的地位。

根據希臘神話故事的傳說，天神宙斯為了確定世界的中心，便從地球的相反兩極放出兩隻老鷹，使之相向飛行，到最後這兩隻老鷹相會之處，就是所謂的世界中心，而這個地方就是在今天的德爾菲。正因為這樣的淵源，使得它成為古希臘宗教中心以及當時世界統一的象徵。

這樣的事情，在交通不便，資訊不發達的年代中屢見不鮮，世界上的古老文明，都以為自己是一呼百諾，全世界的運作都是繞著自己日出而落，日入而息。古代中國各朝，莫不以為自己為中土，其他不過是文明未開化的蠻夷之邦，但如今若要誰說自己是世界中心，包準落了個自討沒趣。

而我，現在正愈來愈接近世界的中心點，這對一個旅行者的意義，絕對大於政治上爭求世界中心的其他企圖。方向的中點與極端之地，長久以來一直是旅行者與探險家追求的夢想，因為它可以滿足人類的英雄主義與炫耀心理，以及那種「只有我到過」的獨一無二感覺。

華燈初上的山城格外迷人

　　從地圖上看來，雅典到德爾菲直線距離不算遠，但實際開起車來，蜿蜒曲折的山路才是上路後真正面臨的狀況。看到依偎著山邊的德爾菲，也已經是薄暮餘暉的晚上七點多了。

　　夏季的希臘連太陽都不忍快快下山，接近晚上的德爾菲十分美麗，我們及時趕上太陽下山前的最後演出。微風像是嚴謹負責的管家，將天空清掃的一塵不染，絲毫不容許夾帶一丁點兒的雜質。

　　我將車停在路邊，靜靜欣賞這片大自然演出的即興創作，直到太陽沒入科林斯灣，才依依不捨的將車駛入鎮內，尋找今晚下榻的住所。

　　德爾菲的夜，寧靜如水，我們坐在飯店的小陽台上，欣賞今晚的新月如鉤。

　　養精蓄銳後，第二天一早，就動身前往德爾菲遺址。我們打算趁太陽還沒日正當空照之時，先參觀戶外的遺跡，等太陽高昇之際，再躲進博物館欣賞瀏覽。沒想到和我們同樣想法的人也不少。

　　史特拉波(西元前64~西元25年)寫道：「據稱神諭傳出的位置乃一大空洞，洞深而口狹，從中冒出『靈氣』，為神力的來源。裂口上方置有一只三足椅，皮媞亞端坐其上，吸入氣體，吐露預言。」這番記載，讓考古界、科學界研究多時，到了今日，新的研究者以為德爾菲神諭並非老套的「科學可以闡明古老的迷信」，而是認為，如果人們看待事務時，與希臘人一樣有著寬闊的眼光與跨領域的態度，可以有更多收穫。

靈驗神諭聞名全希臘

德爾菲之所以成為希臘人心目中的聖城，不單只是作為世界的中心而已，它也以其靈驗的神諭聞名全希臘，甚至連向來是希臘死對頭的波斯人也對其深信不疑。

在西元前七世紀到西元前四世紀之間的古希臘時期，無論是林立城邦的重大問題決議，還是單獨的個人禍福釋解，也不論是舉足輕重的大人物或是沒沒無名的販夫走卒，遇到事情都會先請求神明的啟示與指點，作為遵循的圭臬，這樣的過程就是神諭，這已成為古代希臘人的生活的一部分，也對這一時期的希臘宗教、經濟與政治都產生過重大的影響。就像台灣人喜歡到廟裡求神問卜一樣，希臘人也希望在行事之前，能夠透過看不見冥冥之中力量的背書，增加心靈上的踏實與安全感。德爾菲也因之名聲遠揚，逐漸成了各地人們朝聖的勝地與各界人士聚會的名城。

用現代眼光看來，這些夾雜些許迷信的作為，確實為當時許多人類智慧無法解決的難題，尋得一個紓解迷惑的出口。就連希臘三大哲人之一的蘇格拉底也不例外，他連想去波斯交朋友，都曾經透過朋友來到德爾菲的阿波羅神廟祈求指點。這些看來似乎顢頇不已的行為，其實在某種角度來看，可說是當時神權社會中，人類對於自然力量一種敬畏與尊崇的展現，也就是因為現代人逐漸失去了這樣的一種態度，使得人類自以為是萬物之靈，可以宰制一切，也造成了自然界反撲回人類的許多災難。孰好孰壞，倒一時也難加以定論。

　　阿波羅神廟供奉著太陽神同是也是治癒之神的阿波羅，位在阿加迪亞山脈(Arcadian)頂峰，始建於西元前五世紀中期。阿波羅神殿也是目前已知年代最悠久的科林斯多柱式建築(Corinthian)，結合了古式風格以及沉著的多利斯風格(Doric)，以及其他大膽的建築特色。

　　後來在羅馬帝國統治希臘時期，羅馬人為了籌措軍費，變賣了阿波羅神殿中的許多珍寶。隨著基督教的廣泛傳佈，神諭的地位更是每況愈下，直到西元390年，羅馬皇帝狄奧多西一世封閉了神廟，禁止神諭活動，德爾菲也漸漸淪為廢墟，走入歷史的黃昏。

離開原址的藝術令人惆悵

進入遺址，就可以看到位居聖城中心，大名鼎鼎的阿波羅神殿。不過真要走到，可得經過一條被稱為「聖路」的之字形路徑，這條路可以稱的上是最華麗的禮物展示處，兩旁原本陳列立有希臘各城邦為供神而建的各式雕像與紀念碑。但是如今要看這些精緻且較為完整的藝術作品或雕刻，得到博物館裡方得瞥見。雖然在博物館裡依舊可以看到精華，只是我一直覺得，但當這些作品脫離了原本依附的主體建築，這些代表人類文明的藝術品，就算保存的再完好精緻，它的生命也已經告終。就像我始終不願意在台灣看類似埃及古文明或法國羅浮宮之類的特展，少了週遭的氛圍，也就失去了感動，因為藝術是離不開生活的。

↑朝聖之道上陳列各城邦貢獻的物品
→陽光洒進博物館雕像
猶如照開千百年智慧

象徵世界中心的「世界肚臍」

　　這樣的情況不只是希臘的世界遺產所面臨的問題，其實也在其他國家的世界遺產中發生同樣的危機。如今的阿波羅神殿僅存基座與數根石柱，只能依稀看出當時佔地的規模，原本大理石外牆的建築，經過風霜洗禮，再加上酸雨的蠶蝕，特別能看出歲月的作用力。對於當時盛況，只能多發揮一點想像力，或者從販賣的明信片中窺見當時的復原圖來遙想了。

　　雖然不願意，但還是來到了遺址旁的博物館，一來購買的套票裡早就含有博物館的門票，不用再另外購買，對錙銖必較的自助旅行者來說，不用也是可惜，因此姑且一看；再者也希望能透過這些陳列在博物館的作品，雖是片段，但能更接近真實的拼湊出原貌。

　　其中最特別的當屬那顆「世界的肚臍眼」了！還記得德爾菲是經天神宙斯認證過的世界中心嗎？古希臘人為了紀錄這一段，也煞有介事的在當時神殿中立了一塊刻有花紋的巨石。看著這塊約有三分之一人高的肚臍，原來地球是個凸肚臍的小怪胎呢！我突發奇想，如果我對著這個肚臍搔癢，不知道會發生怎樣的情況？

　　嘿！從充滿揣摩空間的神諭，到發揮想像力在腦中重整古遺址的型態，我的思緒怎麼不知不覺也跟著充滿奇想起來了？

鬼斧神工般超現實的天空之城

梅提歐拉

時　　間：西元11世紀
空　　間：希臘北部
登錄時間：1988年登錄文化遺產
符合條件：文化遺產標準 (i) (ii) (iv) (v)
　　　　　自然遺產標準 (iii)

Meteora

人們對於希臘這個位在地中海國度的印象，總是脫離不了碧海藍天的景觀，也就會這樣理所當然以為這就是希臘的全貌。當來到位於希臘中部的梅提歐拉 (Meteora)，體會到有別於愛琴海上星羅棋佈小島的浪漫慵懶體驗時，沈穩褐色岩柱的奇景與規律保守的氣氛，將希臘傳統刻板印象取而代之。

單純專一的嚮往

從希臘北方的第二大城塞薩隆尼基(Thessaloniki)驅車前往梅提歐拉，約需五個小時，若是選擇搭乘大眾交通工具，路程加上換車的繁瑣，可又曠日廢時，折騰的不止這些時間。鄰近並沒有其他著名的景點可以一併瀏覽，所以來到梅提歐拉的遊客，絕大部分都是專程來到此地，純粹只為了一睹「天空之城」的真面目。

也許就是因為理由的單純，所以這為的景緻也格外顯得簡單俐落，一如快手的裁縫師傅，大刀起大刀落，寫意彈指間便完成了這鬼斧神工的作品。

梅提歐拉(Meteora)位於巴爾幹半島希臘中部的色薩利(Thessaly)平原上，色薩利平原是希臘境內最早有人居住的地方之一，偉大詩人荷馬的史詩中也提到這裡的城邦，曾經參與著名「木馬屠城記」的特洛伊戰爭；當時許多的地理與歷史學家也曾經對此地有所詳細記述，對希臘文明的發展，此區亦扮演重要的角色。在出土的許多錢幣、馬賽克嵌畫、陶瓶等工藝品的證明下，也說明了色薩利平原在羅馬帝國統治時期，亦是一片繁榮富庶的景象。

　　但也許是天氣太熱的關係，筆直延伸而去的柏油路末端，始終出現著海市蜃樓般的暈蘊蒸騰，廣大的丘陵上，不見往日榮景，只覺繁華落盡的蕭條；滿眼儘是綠與黃相間，農作物與土地交錯的顏色，總得經過一段時間才會又見到城鎮與人煙。也許是應驗了一般人所說的「富不過三代」，昔日的輝煌與榮耀，無法保證後世子孫在現實世界競爭中的叱吒風雲。往日的種種顯赫，如今只能從書史中獲取線索追憶了。

　　　位在幾乎與外界隔絕地區，這裡的僧侶十一世紀以來便在這「天空之城」的沙岩頂定居。他們在十六世紀時所創作的壁畫，被視為後拜占庭繪畫發展的重要里程碑。

黝黑的岩塊 超現實的雕刻

車內收音機裡傳出吟唱般的希臘傳統音樂，加上不留情面熾烈的太陽，由內而外都是讓人昏昏欲睡的催化劑。在翻越一座小坡之後，眼前突然出現了巨大黝黑的岩塊，就在路的盡頭。這就是梅提歐拉了——天空之城。

皮尼奧斯河(Peneus River)在附近蜿蜒流過，普羅大眾的信仰，將這些彷彿支撐天地的崎嶇岩柱成因，歸諸於天外飛來的隕石。當人們的智識無法解釋眼前所見景況時，總是下意識的把理由歸諸星球之外不可知的力量，眼前拔地而起，擎天而挺的岩石，像是森林般的矗立著，隱隱透露出些許的神秘感。但較為科學的說法是，數百萬年前這裡曾被海洋覆蓋，海水流退後，皮尼奧斯河的流水成為巧匠藝手，琢磨出眼前這些超現實的雕刻。

人們若想要找一個修心與冥想的理想之地，相信沒有一個地方會比梅提歐拉來的更理想，打從11世紀開始，就已經有修道者在這片聳立險峻岩石上及辛苦鑿刻出來的密室裡，過著東正教式的隱修生活。

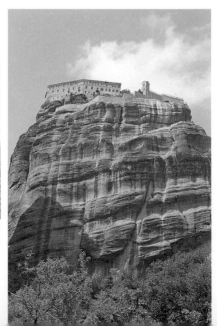

↑修道院呈現拜占庭建築風格
→巨石上的修道院

東正教(Eastern Orthodoxy)乃是指在東羅馬帝國時期,逐漸發展起來的基督教支派。基督教在經過幾世紀的發展之後,成為羅馬帝國合法的宗教,後來又被奉為國教,羅馬教會也順理成章的成為基督教樞機中心。由於以君士坦丁堡為中心的東派教會認為自己才是保有正統教義的正宗教會,與羅馬教會(西派教會的中心)互爭首席地位,因而自稱為「正教」(Orthodoxy)。又因東派教會屬希臘語區,當時進行的宗教儀式皆以希臘語為主,所以又被稱為「希臘正教」(Greek Orthodoxy),與天主教(Catholicism)、更正教(Protestantism)並列為基督教三大派別。

猶如天險的修道院
提供了避免宗教迫害的修道之所

隱修制度創立人:巴西略生於貴族,在君士坦丁堡、雅典兩地的學校讀書,及長,在凱撒肋雅城辦學,最後決意修道,並建立隱修制度及修院。他領受神職,並於370年受祝聖為主教。

隱修最高精神生活的表現

而隱修制度則是從西元三世紀起流行在東派教會間,以苦身修行為宗旨,常常是遺世獨居或群居。這些集體隱修的隱士群居某地後,建立修道院,作為其修行場所。西元4世紀中葉,隱修制度傳回西派教會,逐漸形成天主教的隱修制度。修道院不僅是東正教會最高精神生活所在地,更是培育神職人員,進行神學研究與收藏珍貴宗教文物的教育及文化中心,負有多重的任務與使命。

十四世紀中期,來自希臘北方阿索(Mt. Athos)聖山的修士Athanasios抵達色薩利平原,他將眼前這片令人震懾的景象取名為Meteora,而Meteora之意就是指「漂浮在空中」。他在這片石峰的最高處,動手興建了此間第一座修道院,這座Great Meteora修道院,海拔約200公尺,擁有眺望色薩利平原最佳的視野,據說,每當雲霧飄渺繚繞時,置身於此總是會讓人產生空中樓閣的錯覺,它的存在彷彿真是懸浮在人間與天堂之間。

遊客及朝聖者來到這裡,除了發自心底讚歎美麗的景緻外,也嘗試著體會修道者們透過自我嚴屬要求的禁慾手段,以摒除外在花花世界誘惑的孤寂心境。在當時,Athanasios訂定了相當嚴格的戒律約束修道者,而女性是不准踏進這個區域的。用現在的標準來看,人們早已在物質豐裕的現實社會中變得慾望叢生,要面對如此簡樸單調的生活,自是覺得不可思議,甚至有著苦不堪言之感。

初期草創發展的修道院只有幾間密室及一間小禮拜堂的建置,於歷任統治者給予的榮典與參與下,建築規模不斷地擴大,慕名而來的修士也逐漸增加,當十五、十六世紀時,已然成為修道院中隱修生活的領導者。

←巨石堆成的修道院是修道者的心靈原鄉

梅提歐拉於全盛時期原本有二十四座修道院，修道者分別定居在這二十四座彷彿高懸空中的強韌頂峰。但現在此地只剩下五座修道院尚在運作，Great Meteora、Agia Trias、Varlaam、Agios Stefanos和Roussanou。現今的修道院已經開放給觀光客參觀，但依然保留部分區域專供清修，以期待能夠在不受干擾的情況下更接近上帝的意旨。在修道生活與擁抱群眾之間，修道者似乎也找到平衡點，不忘本分的進行著數百年來相同的修行生活。

在過往，修士要出入位於頂峰的修道院，都得靠一條繩索所支撐的吊籃，再以人力轉動的木製絞機上下，食物補給方式也是依賴著這條生命索。在1920年代，人們已在岩壁間開鑿隧道，作為登上頂峰的另一種交通方式。如今人們不用再提心吊膽的坐在吊籃中，完善的現代道路引導人們能夠輕易的探索這片神秘地帶，只要到公路盡頭，爬上一百一十五個階梯後，你也能身處在這座充滿中世紀風味、古意盎然的修道院。原來的絞機依舊保留在木造樓房中，但早已停止使用，電動馬達的牽引取代了傳統費力的模式。而在追求滿足性靈的修行中，快速的囫圇吞棗是否也已取代耗時的細火慢熬，則是不得而知。

以往出入修道院都必須靠絞索

　　雖然修道院已經半張臂膀歡迎遊客到來，但要進入修道院，依舊有些規定是要遵守的。男生不可以穿短褲入內，而女生則是不能穿著褲子與短裙入內，若不符合標準也沒關係，入口處會準備布製的長裙，免費借給你解決問題，以免錯失與上帝接觸的機會。除了這項規定外，還有許多禁忌是不被允許的，例如抽煙、大聲喧嘩、吹口哨等行為，若是觸犯了這些禁忌，馬上就會有人前來指正你。正因有了這些規定，偌大的修道院並沒有因為遊客到訪顯得喧嘩，反而個個神情小心翼翼，使得腳步的躞步聲顯得更清楚，彷彿淹沒在中世紀荒蕪寂寥的氣氛中，心情也被捲入抑鬱沈悶的漩渦裡。

　　過去使用的廚房內完整保留以往修道者們的生活。木製的鍋碗瓢盆，磨損的痕跡刻畫出修道的辛苦，大灶裡早已被清理的一塵不染，不知這裡何時煮最後一頓飯？是懷抱著什麼樣的心情？數十個超過半個人身高的大陶瓶，整齊的放置在牆邊，這些用來裝水及橄欖油的陶瓶，可以確保就算在危急時，亦能提供基本的生活需要。

避難所見證歷史上宗教迫害

　　這些聚集在寸草不生，又無法輕易接近的峰頂的修道院，平時雖然交通不便，但在鄂圖曼帝國(Ottoman)統治時期，卻也因為這天然的優勢，成為被宗教迫害修道者的避難所。雖然如此，依舊有許多的修道者，因為堅持信仰而殉道，這不僅可從描繪鄂圖曼帝國士兵殘殺修道者的壁畫上找到證據；在一個昏黃的小房間內，更一排排整齊陳列了殉道者的頭骨遺骸，作為歷史見證。只是令我納悶的是，宗教的原意與精神，不應該是揚著和平旗幟的倡導者嗎？但為何從歷史的紀錄中來看，卻反倒常常成為人類彼此殺戮凌虐的導火線。

↑天光射進修道院內，讓人感受到神蹟的存在
←修道院頂上的馬賽克壁畫

　　在另一個房間裡，當時釀葡萄酒的器具也鉅細靡遺的呈現在內，希臘正教會並不禁止喝酒。而進入教堂內，聖壇中央掛有聖像，而四周則是掛著聖徒畫像，你可以很容易分辨出聖者與平凡人的不同，聖者的頭上都會環繞著一圈光芒。在東正教的教規中，是看不到雕塑品的，因為所有雕刻形式都是被禁止的，只允許繪畫形式的存在，甚至不允許在十字架上有耶穌受釘「苦難的表情」。禮拜時唱詩，不可用樂器，因為他們認為唯有人的聲音才能完整到達上帝的居所。

　　天光透過彩繪玻璃投射了進來，望著地上一縷縷絲般柔和的光芒，歲月在這裡數百年如一日的更替著，留下雪泥鴻爪作為更替的憑證。

　　修道者平日離群索居，面對外來的訪客，通常沈默而無語，不要期待他們會有什麼熱情的表現。而他們似乎對胸前掛著錄影機或照相機的觀光客特別敏感，就算你假裝若無其事的舉起它們，即使是背對著，他們也能馬上察覺，這樣的舉動是不受到歡迎的。實際上，教堂內也往往是不允許照相及錄影的。

　　蓄著長鬍的修道者，仙風道骨的迎風站立在岩石邊，極像武俠小說中深居簡出的俠士。東西文化雖有差異，但對於修行地點的選擇則似乎都是嚮往能與自然融合之地，其實這未嘗不是人們心中真正的渴望呢？

　　而在女性修道者寬鬆的黑袍下，所有身材的優缺都被遮掩，在上帝面前，人生而平等，沒有高矮美醜的差別。她們將一生奉獻給上帝，沿著道路步行，點燃照護路邊一座座小教堂裡的燈，以實踐她們與上帝的盟約。

　　回到山腳下的卡蘭馬巴卡小鎮(Kalambaka)，也感染此間氣氛，被像面大屏風的石峰，厚實卻又輕柔的包住。夕陽斜照的小鎮裡，傳來教堂中噹噹作響的鐘聲，可以確定的是，今天晚上高掛天空的月亮，也曾經同樣照耀著古人，而夜也同樣的靜謐。

依傍山邊的
卡蘭馬巴卡小鎮

深受歐洲文明影響的北非城市

突尼斯

時　　間：西元七世紀
空　　間：非洲北方
登錄時間：1988年登錄文化遺產
符合條件：文化遺產標準 (i) (ii) (iv) (v)

Tunis

在尚未決定啟程之前，我原本以為生平第一次造訪非洲這片傳說中的黑暗大陸，應該不是探索埃及法老王沉睡千年的金字塔，要不就是前往東非寬廣無垠的草原乘著吉普車追逐野生動物的蹤跡，沒想到人算不如天算，第一次到非洲竟然是來到北非的突尼西亞，說實在的，連我自己都覺得有點不可思議，選擇來到這裡的原因，竟是看了旅遊探險頻道介紹突尼西亞的節目之後，立刻做的決定。

人來人往的麥地那
是當地人生活的重心

歐洲人熱門旅遊城市

一提到非洲，大多數人難免會將它和貧窮、荒蕪、落後等負面形容詞畫上等號，但世界上似乎沒有完全絕對的事情，就算枯木亦有逢春的季節。突尼西亞是北非最富有的國家，因為地理上的方便性及消費較歐洲便宜許多，因此早就成為歐洲人選擇渡假時的最佳去處。這從我苦苦等候從歐洲飛往突尼西亞的機位可見一般，在夏季要從歐洲前往突尼西亞，可是得早早就得訂好機位的。

突尼斯位於地中海沿岸，是突尼西亞的首都。相較於其他印象中保守傳統的回教國家，突尼西亞算是相當開放的，女人和男人一樣享有平等的權利，就算看到女駕駛員開電車也不用覺得訝異。走在突尼斯街上，感覺就像是漫步在歐洲街頭，不僅兩旁建築帶有歐風，穿著也都是一派歐化，露背、露臍十分稀鬆平常，甚至連道路都是以歐洲各國命名，例如最熱鬧的法國大道、荷蘭大道等等，相當國際化，也可看出曾經受到歐洲文化影響的一段歷史。

麥地那意謂現今城市的發源地

突尼西亞人也相當友善，不管認不認識，都會熱情和你打招呼，要體驗突尼西亞風情的最佳場所，便是各個地方的麥地那(medina)，麥地那是阿拉伯文中「城市」的意思，多是現今城市的發源地，在突尼西亞的城市中，不論大小都有這種具有厚厚城牆的碉堡，這些在中世紀回教帝國所興建的舊式建築區域，當時形成近可攻、退可守的防禦優勢，直到現在依舊是城市居民生活重心，保存著當時的買賣型態與生活方式，想要體驗什麼叫做眼花撩亂，來到這裡準沒錯。

因此待在突尼斯的三天當中，我只要一有空便往麥地那裡鑽去，這裡是突尼西亞最大的一座麥地那，也被列入世界遺產之內。你可以嘗試不用帶地圖，充分享受憑空摸索的感覺，因為沿著蜿蜒曲折、縱橫交錯的小巷道，宛如進入迷宮一般，你無法預料在下一秒鐘會看到怎樣令人感到新奇的事物。來到這裡，可以完全體會冒險卻不危險的刺激新鮮感。

巷道建的如此彎曲狹小，是有它的生活智慧在裡面的，如此一來，不僅不用擔心沙漠莫名狂風自頭直吹到底的狂掃，更可以減少熾烈太陽直曬的機會，只有短暫的正午時分才會直接照射，降低了城內的溫度。

在突尼西亞主要大城市，多半都會有稱爲「麥地那」的舊城區，那是早期城市的發展中心，在這裡是最能體驗當地傳統生活氛圍。其中突尼斯、蘇斯、開羅安等地的麥地那，均被列爲世界遺產。

許多古老的行業
依舊可在麥地那內的商店發現

　　來回穿梭於彎曲巷道之際，比較困擾的是，也許較少台灣人來到這裡，因此常聽到的問候語反而是「孔泥基哇」，我總得費上好一番唇舌，解釋自己不是日本人的事實。

　　麥地那裡的商店也頗有規模經濟的概念，不同的區域，賣的是不同的東西。從各式編織刺繡，圖案粗獷大膽的突尼西亞陶盤，色彩鮮豔的地毯和駱駝玩偶，阿拉伯風的珠寶裝飾，到皮革、銅製品、椰棗，還有突尼西亞男人戴的小型紅色毛氈帽「契奇阿斯」(Chechias)，或是南部沙漠地區特產沙漠玫瑰石等，應有盡有，隨處可見。你可以挪出半天時間，優閒地在舊城裡閒逛，與賣紀念品的小販比手畫腳討價還價一番，趣味無比。

　　我在一間裁縫店前停了下來，倒不是師傅的手藝有多精湛而吸引我，而是店門口的玻璃櫥櫃中，擺放著世界各國的錢幣與紙鈔，我仔細查看其中是否有台灣的錢幣。如我所料並沒有，我掏出身上的一塊和五塊硬幣遞給了老闆，他立刻高興的放進櫥櫃中，希望下次有從台灣來的旅客可以看到，那種感覺想必既興奮又親切吧！

　　除了色彩鮮豔的視覺外，我靠著鼻子，順著烘烤小麥的幸福香味，也發現一個位在巷弄內不起眼的麵包工坊。

　　幾乎和蒸氣騰騰的工坊一樣熱情的夥計，得知我遠從台灣來，便拉著我的手，像是多年不見的老友，跑上跑下帶我參觀麵包從無到有的過程。雖然對於嘰哩咕嚕的法語一竅不通，但在他遞給我一塊新鮮麵包下肚後，竟然神奇的茅塞頓開，彷彿瞭解了所有一切。

沒有求新求變的複雜花樣，這些源源不斷剛出爐的麵包，只有樸實無華的長條法國麵包和胖胖圓滾的大麥麵包，細細咀嚼麥香滿溢。如同我們吃米飯，這些麵包是突尼西亞人不可或缺的主食，紮實有嚼勁才是最重要的。麵包就擺在不大的店面玻璃櫃上，店前的購買人潮始終不斷，不只買回了飽足感，更將麵包坊的幸福香味一起打包，在餐桌上和家人共享。

「你可以上去照相，這裡是看麥地那最好的角度！」地毯店的老闆向我們推薦自家的樓頂，但我拒絕他的好意，因為天下沒有白吃的午餐，從樓頂下來肯定會被他纏住推銷地毯，我實在很怕這樣難以推卻的情況。

就算走進店家隨意看看，但有時也挺麻煩。因為這裡的商品都不貼標價，價格完全在這些商人的心中，苦就苦在這裡，對觀光客來說，買貴了怕當凱子，買便宜了又怕傷感情，實在是左右為難，不知如何是好。

商人鼓勵著你出價，並一再保證沒有關係。但當左思右忖的價錢一出口，只見商人臉色立刻大變，剛剛拍胸脯的保證彷彿沒有發生，就像是政客不負責任信口開河的翻版，我則像個作錯事的小孩，為剛剛自己的胡亂出價感到懊惱，真是奇怪了，想想買東西變成要看老闆的臉色，真是有點自虐的傾向。不過再回到店裡，他還是依舊熱情的招呼你，不知道他是健忘還是寬宏大量。

造訪東北方歐洲門戶的小鎮

除了各式民生必需品都可在這兒採買外，還有許多大小不等的清真寺，當一天五次禮拜時間來臨，這些已經矗立千百年的清真寺，仍然盡責的透過擴音器，以近似低迴的吟唱聲，提醒穆斯林別忘了表達對真主的崇慕。

星期天再度造訪突尼斯麥地那，卻有著截然不同的景觀。像是一夜之間全部撤走般的感覺，麥地那的商店一間也沒開，昨天還嫌擁擠的狹小街道，今天卻顯得冷清寬大了起來，不過這樣倒有另外一種觀看麥地那的角度，也是挺不錯的。

　　於是我改變行程，坐電車造訪突尼斯東北方17公里的西迪布賽（Sidi Bou Said），這座小鎮令人驚艷，也徹底打破以灰黃色調為主的非洲刻板印象。這裡有著像是身處希臘小島迷人的藍白風情，是個藝術家與作家聚集的地方。從處處充滿法國歐陸氣氛的突尼斯搭乘電車，只約40分鐘就能抵達這個在地中海邊峭壁上的小鎮。

　　這裡是突尼西亞面對歐洲的門戶之一。在過去悠悠的歷史歲月中，歐洲的羅馬人、西班牙人、土耳其人都不斷以外來者的姿態入侵，想要從這裡揮軍往南，佔有這片撒哈拉沙漠以北最肥沃的一片土地；而如今來自歐洲的「入侵者」則是以和平姿態來此渡假，看中的不是肥沃的土地，而是便宜又休閒的氛圍。

　　西迪布賽除了佔據峭壁高處的天然守勢外，圍繞著城區，也有著結實高聳的城牆保護，與歐洲的城堡與中國的城牆發揮著同樣的防禦功能。順著道路往上走，進入城牆內的麥地那，兩邊商店多了起來，各家老闆都一樣熱情的邀請你入內參觀，我開始在一條條蜿蜒曲折的巷道內，探訪接觸當地真實的脈動。

　　沒有太花俏的裝飾，放眼望去，這裡的房舍都是一間間藍白相間，給人單純寧靜的感覺，也許這就是為什麼許多文人雅士都寧願捨棄都市的繁華，而願意雲集於此的原因吧！因為往往最單純的色調，反而能使人回歸到創作原點，靈感也能如湧泉般的汨汨流出。陽台上種滿了萬紫千紅的各式花卉，在亮晃晃的太陽光照耀下，所有的顏色都是如同要滿溢出來的飽和。

其實之所以選擇白色，還有一個生活上的實際考量。因為地中海沿岸的夏天氣候炎熱，白色具有不吸熱，又容易散熱的特性，塗在房舍外面，可保持室內涼爽，再加上石灰的盛產，於是選擇白色也就理所當然了。

藍與白的搭配讓人驚艷，但地中海沿岸並不乏這樣的景觀。由於十五世紀時，在西班牙受到迫害的回教徒來到此地，因此建築也融合了安達魯西亞的地方風格。但仔細觀察，真正能夠辨別與其他地區的特色，應該當屬那一扇扇似乎只出現在童話故事中，讓人印象深刻的大門。各家各戶不同樣式的拱門，有些顏色斑駁，看來年代久遠；有的顏色簇新，但韻味不減。上半部的穹頂代表著清真寺的建築，就算沒有穹頂的圓弧，門板上也絕對不會缺少以圓釘拼湊出星星、月亮、弓箭等等的伊斯蘭圖案。在伊斯蘭教的教義中，偶像崇拜是被禁止的，包括人像或生物都不能出現在日常生活中，因此不管是在門框邊的裝飾，或是牆上看來涼爽的彩繪磁磚，最常見的就是花葉植物或是幾何圖形的圖案。

　　這樣的裝飾風格，也呈現在家家戶戶幾乎都有裝的鐵窗上。鐵窗清一色都採與大海相同的藍色，阿拉伯式的蔓藤渦卷簡約展現在鐵窗窗櫺，搭配上白牆，形成一幅幅對稱卻又迷幻的圖樣，似乎一不小心，思緒與視覺全都會給捲了進去。在戒律嚴謹的回教社會裡，與其說這些鐵窗是用來防小偷的，不如說是隱身於日常生活中的另類藝術品。

阿拉伯風味手工藝品

　　阿拉伯風味的鳥籠也是此地最有名的工藝品，用橄欖木和細鐵絲所作成的鳥籠，當然也具備了穹頂與蔓藤渦卷特色，看來宗教對生活的影響連鳥兒也無法避免。由於造型突出，除了被當地人掛在門前養鳥之外，也有人把它當作燈罩，甚至在飯店櫃檯上也能見到，當作是投遞信件的信箱。當然，也許觀光客買回去睹物思情之際，在不同文化的衝擊下，說不定又會賦予鳥籠全新的用途。

　　來到鎮中央的小型廣場，來自各地的遊客聚集在這裡，在此休息片刻或是準備再出發。除了交換旅遊心得外，商家內的紀念品，包括皮雕、陶器、阿拉伯彎刀等，也成為遊客背包裡收藏的旅遊回憶。在露天咖啡座上，點一杯突尼西亞人最愛喝的薄荷茶，茶色並不特別起眼，但喝下後卻有又濃又甜的味覺滋味，就像在視覺上享受西迪布賽那與藍天白雲相同的色調，眼與口都獲得了滿足。

　　兩座麥地那，兩種不同的感覺，我開始期待著在突尼西亞的旅行中，我還會碰到什麼樣特殊的麥地那風情？

憑弔羅馬帝國輝煌遺跡的古迦太基戰場

杜加

時　　間：西元二世紀
空　　間：非洲北方
登錄時間：1992年登錄文化遺產
符合條件：文化遺產標準 (i) (iii) (iv)

Dougga

位在地中海沿岸的突尼西亞，雖然地理位置處在非洲，但其實一直和歐洲的歷史脫離不了關係，在伊斯蘭教對於現代突尼西亞產生翻天覆地的深遠影響之前，在此塊土地上待得最久的，應該算是赫赫有名，橫跨歐亞非三洲的羅馬帝國了。

帝國邊緣的穀倉

從西元前二世紀羅馬帝國打敗原本在突尼西亞的迦太基帝國，取而代之之後，羅馬人便在此建立北非行省，範圍除了突尼西亞外，還包括了現在利比亞、埃及和阿爾及利亞等撒哈拉沙漠以北的北非國家。而豐饒的突尼西亞，不僅成為北非行省的首府，也被稱為是羅馬帝國的穀倉，提供母國相當重要的物資支援。

也因為如此，羅馬人當時在突尼西亞建立許多大小不一的城市，這些城市除了作為商旅歇息買賣的重要地點外，更是羅馬人複製其生活方式及發揮帝國管理功能的據點。成為羅馬帝國的殖民地對突尼西亞的發展而言是件好事，至少呈現了文明所帶來的便利與生活上的舒適，到如今，這些散布突尼西亞各地的古羅馬遺跡，成為遊客憑弔古羅馬帝國榮光的重要信物。

位在突尼斯西南方106公里的杜加(Dougga)，這座當時處在帝國邊緣上的羅馬小鎮反映了安樂小康穩定生活的風貌，絕對是足以代表當時羅馬城市的最好範例。我從突尼斯出發，在離開市區的人潮之後，兩旁的景物隨即轉為單調，車窗外儘是緩緩起伏的丘陵，以及空曠無人的原野。我們僱了一輛四輪傳動的吉普車，作為來往移動的交通工具。英語在突尼西亞並不普遍，司機只會講法語及阿拉伯語，溝通上有些吃力，但只要拿出地圖，手指著我們要去的地方，倒也能夠解決了最主要的溝通事項，反正只要能夠帶我們到目的地也就可以了。

　　不過，不知道是司機年資太淺，還是杜加根本不是個熱門的觀光景點，以致根本沒有遊客想去造訪，我們這位司機似乎從來沒有去過杜加，因為他沿路停車問人接下來的方向，雖然我聽不懂他們所交談的內容，但從他們的比手畫腳的手勢大概也能猜出來我們眼前所碰到的狀況。我們心中不免猜想：「司機先生是不是也跟我們一樣，第一次來到杜加？」

　　還好突尼西亞的公路系統不算太複雜，只要抓對方向，通常就只有一條路，順著走就八九不離十，雖不中亦不遠矣，所以時間也並沒有因為多次詢問而遭到耽擱。

　　當我們來到杜加時，遺址廢墟倏地出現在眼前，千百年前的印象構築出龐大影子，我不禁高興的大聲叫出「Taiwan number one」，倒不是要宣示主權或是強調什麼台灣意識。因為此刻的心情，也許已經和千年前歷經長途旅程來到此地的旅人，有著某種程度的契合。我不知道我究竟是不是第一個到這裡的台灣人，但可以確定的是，在出發前所蒐集的資料中，就連少到可憐的突尼西亞旅行團，行程上也都沒有排到這個地方。相信我不是最後一個，我盼望能有更多的台灣人來到這裡，開拓對世界的認識，對世界輪廓的描繪，不再只有侷限在歐美國家這麼的狹隘。

　　突尼西亞在歷史上最為人知的就是迦太基領土，在西元前十二世紀，腓尼基人在地中海南岸建立都市國家，後因發生內亂，戰敗者就逃亡突尼斯附近，建立迦太基新城。所以突尼西亞是非洲諸國中，僅次於埃及的文明古國，保存著世界上稀有的迦太基遺址及羅馬神殿建築。

世界遺產標誌與古劇場

　　一進到入口，就能看到位於山坡上巨大半圓形建築物，這是可以容納三千五百人的古劇場，算得上是遺址中氣勢恢弘的建築之一。古鎮的中心位於劇場西側，高大雄偉的建築還沒走近便已覺得雄偉，還有寬闊的廣場，這是羅馬公民與人辯論講演的地方，如今石板間透露出幾絲小草，空曠的空間似乎依舊回盪真理與真知的餘音。

　　一位大叔突然出現在轉角處，令人冷不防地嚇了一跳。看到我們他似乎頗感愉悅，作勢招手要我們過去。大叔領著我們往廢墟後方走去，那兒是他放羊吃草的地方，整片乾黃的草原，看起來實在不怎麼可口，但卻是羊群們主要的食物來源。旁邊堆放著紮捆的方方正正的乾草磚，這是為冬天的糧食預作準備。

　　這裡唯一的綠意大概就是仙人掌了。此時的仙人掌正是結果之時，一顆一顆結實纍纍的碩大黃澄果子，成群結隊的掛在仙人掌厚厚的莖上。大叔熟練的避開那一支支為適應乾燥氣候而特化成扎人的針葉，摘下了幾顆仙人掌果請我們吃。其實算不上請客，因為這樣的仙人掌果，沿路過來滿山遍野，既不屬於任何人種植，龐大的生長數量也來不及吃，很多就這樣落果掉在地上任其腐爛。不過大叔好心的拿出身上小刀將果子剖開，再用水沖洗後遞給我們，這份細心體貼的心意可是讓我們感到不好意思。

羅馬人生活不可缺少的澡堂

揮手告別了這位大叔，我們繼續參觀城市裡的其他遺跡。古羅馬帝國對於洗澡這件事狂熱喜愛的程度，可以從羅馬的城市建築裡不可或缺的公共浴場略窺一二，當然在杜加也不例外。公共浴場往往提供往來商賈休息放鬆的去處，有些城市甚至不只一座公共浴場，而其規模常常是城市中數一數二的，結構和施工技術也最為複雜。它不僅提供潔淨的功能，對於羅馬人來說，公共浴場是談論政治、評議文化以及做生意買賣的場所，不僅朋友們到此聊天，演說家在此發表演說，作家詩人前來朗誦新作，還有閱覽圖書以及進行活動的地方。

羅馬人在興建公共浴場之時，採用的是磚石結構，以抵擋經年累月的水氣侵蝕，建築物內從熱水廳、冷水廳、塗橄欖油室、蒸汗室到排水孔道，一應俱全，早已具備現代三溫暖的各種面貌。從羅馬人愛洗澡這件事來看，當時已經有著良好的衛生觀念。

地板上還可以看得到當時的馬賽克(Mosaics)作品。馬賽克是一種使用彩色小石子、碎陶片、和玻璃碎片拼貼而成的藝術品，剛開始，羅馬人將它舖在公共空間中作為裝飾，到羅馬時代中期以後，也會在自家牆壁懸掛或覆貼這種美麗的藝術品，甚至拿來作為商店的招牌。創作主題非常多元化，從最基本的幾何學圖案，到神話故事、民間傳說、英雄事蹟、還有市井小民的日常生活等都可以是題材。

夏日提供避暑的地下宮殿住所

位於城市較低部分的建築物，是許多私人住房遺址，令人感到訝異的是，當時已經可以興建數層樓的房子，地下的樓層在酷熱的夏天變成為居住之地，以避開地面動輒四十度以上的高溫。

競技場的血淚搏鬥

另一種足以代表羅馬帝國時期的建築就是競技場了。在距離杜加東南方的艾爾捷有著一座北非最大，保存也最完整的古羅馬競技場，艾爾捷這座城市當時依靠種植橄欖樹發跡，在鼎盛時期已聚集了三萬的人口，並建有廣場、馬戲場及花園，成為北非最富有的城市之一。

如今能看出艾爾捷昔日榮光的就只剩下這座依然宏偉壯觀，建於西元238年的羅馬競技場。步入巨大的拱門，可以沿著不同的通道與階梯到達看臺，看台共分成三層，可以容納三萬五千名的觀眾，這比台灣任何一座棒球場的容量還大。在成千上萬觀眾的歡呼聲中，一場又一場的人類與猛獸之間的殘酷搏鬥在此上演，這裡的搏鬥甚至比羅馬的還慘烈，因為這裡是非洲，永遠不用擔心缺乏各類猛獸，源源不絕的猛獸送到這裡，滿足羅馬人內心深處野蠻的靈魂。在專制極權社會裡，這也能藉此轉移民眾的注意力與精力，使得政權繼續穩固。

　　奴隸們一旦被送到這裡,基本上就已經判定末日,註定了必死的命運,很難再踏出競技場,因為與猛獸相鬥的結果,十之八九都是雞蛋碰石頭般的不堪一擊,就算僥倖倖存,也很難全身而退,通常是傷痕累累,這樣血腥殘忍的場面,與羅馬帝國發展出的高度文明相比,實在是落差極大的對比。我想,這絕對比運用現代科技製作出來的任何一部好萊塢電影還來的逼真震撼。

　　其實當我們訝異於羅馬人將自己的快樂建築在別人的痛苦之際，現代的世界又何嘗不是如此。有些國家仗著高度文明，自比王師，將自己的一套標準硬加在別的國家上，鬥爭的場景反而擴展延伸，不再是只侷限競技場內，也許這就是人類的劣根性，跨越時空依舊保留在流動的血液裡。

　　當年競技場的內外都貼滿了從西西里島運來的白色大理石，但無情的歲月滄桑早已洗盡大理石以及曾經濺灑其上的鮮血和骨骸，如今只留下褐黃色的大塊原石；1695年，奧斯曼帝國皇帝為了鎮壓抗稅的人民，下令向場內群眾開炮，更導致競技場遭到破壞，現在殘存部分僅僅只是原來的五分之二左右。

　　我們在競技場外的一家小餐廳用午餐，順便欣賞這座不管從什麼角度看都雄偉的建築。這真是不太明智的一個決定，因為結帳時，發現我們唯一所點的一條中型烤魚竟然要價台幣600多元，我們實在不應該貪戀海鮮滋味，因為這裡還算是處在沙漠地帶啊！擺明了被人當冤大頭，狠狠敲上一筆竹槓，就像是在競技場中央等待被猛獸虎視眈眈宰割的可憐奴隸，場景不同，心情卻不謀而合。

突尼西亞「三百清真寺之城」美譽的

開羅安

時　　間：西元前七至八世紀
空　　間：非洲北方
登錄時間：1979年登錄文化遺產
符合條件：文化遺產標準 (iii) (iv) (vi)

Kairouan

當我來到位於突尼西亞中部的開羅安(Kairouan)時，正是日正當中，亮晃晃的太陽曬得人皮膚發燙，乾燥的連身上最後一滴水份都快被蒸發，一副典型的沙漠氣候，雖然開羅安離地中海並不算太遠，大約只有100公里的距離，但是依舊熱的讓人受不了。其實不僅是在開羅安，在夏季的白天裡，動輒卅五、六度的高溫，在突尼西亞是習以為常的，而在南部的沙漠地區，甚至可以輕易的突破四十度以上。

開羅安 伊斯蘭的表徵

所以我在這裡的作息時間,也依照太陽的強弱而有規律的時間表,似乎內化成為生理時鐘。我在此地的作息時間通常是:在清晨七、八點出發,到達下一個幾乎都在2小時車程之內的城市,抵達後趁著正中午大太陽發威前,先進行一段旅程。中午則是躲回飯店補個早起的回籠覺,或是在飯店的游泳池畔清涼一下,等到傍晚四點多再進行第二段的遊覽。來到這裡,我才知道為什麼沙漠動物通常喜歡晝伏夜出,因為在正午到四點的這段時間,就算你超耐熱,來到街頭也是一片空蕩蕩的,原來大家都躲在家裡睡午覺啦!

　　但是因為要趁中午關門前，造訪這座北非歷史最悠久、規模最大，位於開羅安城東北隅的奧克巴(Sidi Okba)清真寺(又稱「大清真寺」)，所以我不得不在「日頭赤炎炎」的此時，打破原本按表操課的時間表。

　　Sidi在阿拉伯文裡的意思是「聖地」之意，和英文的「Saint」有著相同含意。開羅安被列名伊斯蘭教四大聖城之一，另外三處聖地分別是位於沙烏地阿拉伯的麥加(Mecca)、麥地那(Medina)，以及位於以色列的耶路撒冷(Jelusalem)。若說這裡因為這座大清真寺的存在而沾光，那是一點也不誇張。

　　羅馬帝國滅亡之後，自西元七世紀以來，不斷興盛的阿拉伯帝國，經過多年征戰，在西元644年到西元713年，長達七十年的「聖戰」後，伊斯蘭教勢力正式入侵北非，不僅征服了原來生活在這片土地上的遊牧民族柏柏人，也將伊斯蘭文化與宗教帶到了突尼西亞，影響至今。而在這段期間所建的大清真寺，可以說是阿拉伯建築、文化、藝術的經典代表。

　　相傳開羅安城的建立乃是由穆罕默德的弟子Ogba Ibn Nafaa，在西元670年一手創建。他曾帶領十五萬伊斯蘭教大軍到此地作戰，但是有一回他所騎乘的馬匹突然失足，而倒地處突然有泉水從乾涸土地上急湧而出，泉水下赫然發現多年前在麥加失蹤的金色高腳杯，這個跡象使得Ogba決定在開羅安這裡建造一個阿拉伯在北非的重要據點。

開羅安是回教第四個聖城，回教徒來此七次可抵麥加朝聖一次。

←開羅安的大清真寺

每位穆斯林的朝聖之志

每一個伊斯蘭教徒的最大心願，都希望在有生之年能夠前往麥加朝聖，如果因此傾家蕩產也不以為意。對於那些靠著石油黑金一夕致富的阿拉伯國家教徒而言，這樣的旅途花費根本是九牛一毛，無關痛癢的事情；但對大部分未開發國家的教徒來說，尤其是許多的非洲國家，前往麥加朝聖真的是一個遙不可及的夢想。因此為了彌補這個大部分教徒的缺憾，據說只要來開羅安朝聖七次，便可抵上麥加朝聖一次。

我在聽到這樣的說法之後，腦中突然浮現小時候每當喝完甜甜透心涼的汽水後，總喜歡留下汽水瓶蓋的畫面。因為汽水公司總是會推出一次又一次的集點參加抽獎的活動，而那些關乎能夠中獎與否的幸運鎖匙，就是那一個又一個留下來的瓶蓋。只是不知道，集滿七次之後，唯一的真主阿拉是否也有準備獎品，送給這些對祂深信不移的信徒們？

穆斯林做完禮拜後
輕鬆的倚在入口

　　我想這份禮物大概是對生命的信心吧！這應該是人世間最美好的禮物之一。唯有透過宗教的信仰，才能讓人心在這紛亂吵雜的世界中找尋到一絲希望，找到活下去的勇氣與理由。我不知道你信不信，但每每看到那些流露著虔誠眼光及堅毅表情的教徒時，那一剎那間，我真的願意相信只要集滿七次是會換到獎品的。

　　不過，心中存在的納悶依舊未減。七次耶！從開羅安開始往南以降，是聞名世界，橫跨非洲十國的撒哈拉大沙漠，這個天然的惡地險灘，就算在交通發達的今天，仍然是項大阻礙，更何況在交通不便的以往，對於要前來開羅安朝聖的教徒不是仍然困難重重嗎？這樣的問題似乎又回到原點，沒有解答。

大清真寺建築融合羅馬及阿拉伯

　　從外表看起來，大清真寺沒有印象中純白的形象，反而更像是一座堅實的堡壘，從牆基到塔頂，土黃色的高牆圍起了聖地與平凡之地的界線，在以往是不准非伊斯蘭教教徒進入的，但在列為世界遺產之後，觀光客來到此地可以買票進入參觀，但做禮拜的大廳還是不允許非教徒的進入。其實這樣已經算是很大的讓步了，在突尼西亞，甚至許多伊斯蘭國家，還是有為數不少的清真寺，堅定秉持著非教徒不能入內的規定。這樣的限制並不只是存在於伊斯蘭教，包括印度教、基督教都或多或少都有非教徒不能入其寺廟的禁忌。

　　走進大清真寺，白色大理石舖成的廣場在陽光照耀下顯得非常刺眼，禮拜大廳與叫拜樓隔著廣場遙遙相望。廣場上的石板，並非完全水平，而是略為向中心傾斜。通過中心的集水孔，將落在廣場的雨水全部匯集到地下的蓄水池，這項設計不僅為這個缺水地區增加水源，而且就地解決了信徒禮拜前淨身的用水。

　　伊斯蘭教穹頂建築的風格，充分展現廊道上的拱門上。仔細看去，發現每一個柱子與柱礎的高度都不盡相同，柱頭竟也有希臘羅馬式的紋飾和形狀。原來這些都是從曾經統治過突尼西亞的迦太基、羅馬建築等廢墟拆下搬遷過來的，所以能看到西元3世紀的羅馬建築混雜於七世紀的阿拉伯建築中的特殊現象。環顧古今中外，歷史上每一個新統治王朝的興起，似乎都少不了對原存文明的巨大破壞，一來藉此壓制原本文明的氣焰，鞏固統治的基礎；另一方面也是一種自我意識的加強，就像古代的斬首示眾，有著極大的宣示意義。不過換個角度來看，人類的文明也不就是在這樣不斷的破壞與融合中，才有全新的概念與發展嗎？

　　我好奇的探頭朝禮拜大廳望去，現在不是做禮拜的時間，自然廳堂內沒有半個人影。廳堂內一根根的木柱支撐著龐大的屋頂，據說這些木柱總共有四百根之多，我當然無法細數，但確實令人感到廳堂的寬廣。雖然如此，但在伊斯蘭重要節慶裡，這裡依舊是人山人海、水洩不通。

伊斯蘭教清真寺和其他宗教的教堂或寺廟，不僅在外型上有所不同，內部的裝飾也有所差異。七世紀末的大清真寺保有相當簡樸的風格，內部的禮拜大廳內只有鋪上簡單的蓆子，有別於佛教寺廟與基督教教堂，這兩個同為世界主要宗教的膜拜殿堂中，擁有許多神像與相關宗教儀式進行時使用的法器與家具，有許多都是具有歷史，而且頗為珍貴的寶物；但是大部分的清真寺裡頭並沒有家具，環顧四週，也好像沒什麼值錢的東西，就算再厲害的小偷來到這裡，也會怨嘆英雄無用武之地，再加上伊斯蘭教戒律中對於竊盜罪行原本就有著嚴厲的懲罰，所以清真寺通常是夜不閉戶，好一幅世界大同的太平景象。

另外，由於伊斯蘭教非常反對偶像崇拜，禁止對神或任何宗教英雄有任何形式的實體描寫，以免鼓勵信眾去膜拜，因此反映在裝飾上，也都以花草或幾何圖形取而代之。這和滿天神佛的佛教與主耶穌形象鮮明的基督教比較起來，也是極大差異之處。此外，後期所建清真寺普遍使用的馬賽克裝飾，當然在這裡也是看不到的。

突然一對母女出現在眼前，讓原本空蕩蕩的古清真寺多了點人味。我嘗試作勢比了比手中的相機，做出拍照的請求，沒想到出乎意料之外，她們沒有半點猶豫，微笑著點了點頭，愉悅接受我的邀請。

很少人不知道伊斯蘭教徒一天要朝聖地麥加方向膜拜五次，每天的膜拜時間不盡相同，電視新聞除了氣象報告外，也會報導今天的五次膜拜時間。其實這被稱為「拜功」的儀式，在伊斯蘭教徒的生活和禮儀中扮演非常重要的角色。祈禱者必須跪著以前額觸碰地板，象徵臣服於真主的旨意。

統的刻板印象中。結過婚的婦女必須頭罩面紗，以免被丈夫以外的其他男子看見真面目，社會對於婦女也有極為嚴格的規範與束縛，甚至要拍照，也得經過丈夫的允許，否則極易引起紛爭。我慶幸自己做了這樣的嘗試，也幸好沒有讓經驗不足所帶來的理所當然錯過這樣的好鏡頭。即使沒有親自經歷，人們也總是習慣以自己的角度來評斷認定事情，旅行不只開拓了視野，也增加了解多元的可能性。

其實突尼西亞雖然也是伊斯蘭國家，但相較保守的其他國家而言，相對顯得開放許多。女性的地位和男性基本上是平等的，所以市區電車司機也可以看得到女性駕駛員，甚至在大城市街頭也能看見穿細肩帶，身材火辣的妙齡女子。

但畢竟這是在莊嚴的清真寺中，母親依舊一身伊斯蘭長袍，但神情顯然少了拘束與緊張，而伊斯蘭新世代的女兒，則是花上衣搭配帥氣的牛仔褲，而緊抿的嘴唇透露著堅毅與自我主張。

不管是外在顯見的建築上，還是在內在隱含的想法上，傳統與現代，始終不斷的進行對照與拉扯，同時出現在這歷史悠久的宗教殿堂上。

廣　告　回　信
臺灣北區郵政管理局登記證
北　台　字　第 8719 號
免　貼　郵　票

106-□□
台北市新生南路3段88號5樓之6

揚智文化事業股份有限公司　　收

□□□-□□

地址：　　　市縣　　鄉鎮市區　　路街　段　巷　弄　號　樓

姓名：

Leaves
Publishing

書號　L6004

書名　七百八十八分之一的感動—
世界遺產紀行

葉子出版股份有限公司

讀・者・回・函

感謝您購買本公司出版的書籍。
為了更接近讀者的想法，出版您想閱讀的書籍，在此需要勞駕您
詳細為我們填寫回函，您的一份心力，將使我們更加努力！！

1.姓名：＿＿＿＿＿＿＿

2.性別：□男 □女

3.生日／年齡：西元＿＿＿＿ 年＿＿＿月 ＿＿＿ 日＿＿＿歲

4.教育程度：□高中職以下 □專科及大學 □碩士 □博士以上

5.職業別：□學生□服務業□軍警□公教□資訊□傳播□金融□貿易
　　　　　□製造生產□家管□其他＿＿＿＿＿＿＿

6.購書方式／地點名稱：□書店＿＿＿□量販店＿＿＿□網路＿＿＿□郵購＿＿＿
　　　　　　　　　　　□書展＿＿＿＿□其他＿＿＿

7.如何得知此出版訊息：□媒體＿＿＿□書訊＿＿＿□書店＿＿＿□其他＿＿＿

8.購買原因：□喜歡作者□對書籍內容感興趣□生活或工作需要□其他

9.書籍編排：□專業水準□賞心悅目□設計普通□有待加強

10.書籍封面：□非常出色□平凡普通□毫不起眼

11. E－mail：＿＿＿＿＿＿＿＿＿＿＿＿＿＿＿＿＿＿＿＿＿＿＿＿＿

12喜歡哪一類型的書籍：＿＿＿＿＿＿＿＿＿＿＿＿＿＿＿＿＿＿＿＿＿＿＿＿

13.月收入：□兩萬到三萬□三到四萬□四到五萬□五萬以上□十萬以上

14.您認為本書定價：□過高□適當□便宜

15.希望本公司出版哪方面的書籍：＿＿＿＿＿＿＿＿＿＿＿＿＿＿＿＿＿＿

16.本公司企劃的書籍分類裡，有哪些書系是您感到興趣的？

□忘憂草（身心靈）□愛麗絲（流行時尚）□紫薇（愛情）□三色堇（財經）
□ 銀杏（健康）□風信子（旅遊文學）□向日葵（青少年）

17.您的寶貴意見：

＿＿＿＿＿＿＿＿＿＿＿＿＿＿＿＿＿＿＿＿＿＿＿＿＿＿＿＿＿＿＿＿＿＿＿

☆填寫完畢後，可直接寄回（免貼郵票）。
　我們將不定期寄發新書資訊，並優先通知您
　其他優惠活動，再次感謝您！！

Leaves
Publishing

根
以讀者爲其根本

莖
用生活來做支撐

葉
引發思考或功用

果
獲取效益或趣味